바다를 건너간 위안부

UMI WO WATARU IANFU MONDAI

— UHA NO REKISHISEN WO TOU

by Tomomi Yamaguchi, Motokazu Nogawa, Tessa Morris‑Suzuki, and Emi Koyama
© 2016 by Tomomi Yamaguchi, Motokazu Nogawa, Tessa Morris‑Suzuki, and Emi Koyama
Originally published 2016 by Iwanami Shoten, Publishers, Tokyo.
This Korean edition published 2017
by Amoonhaksa, Seoul
by arrangement with Iwanami Shoten, Publishers, Tokyo

바다를 건너간 위안부

우파의
'역사전'을
묻는다

지은이
야마구치 도모미
노가와 모토카즈
테사 모리스 스즈키
고야마 에미

옮긴이
임명수

어문학사

일러두기

• 본문 중 인물에 대한 경칭은 생략했다.

• 지명과 인물명은 외래어표기법을 따랐으며, 일부는 예외를 두었다.

• 기사나 담화 등의 제목은 「 」, 책과 신문은 『 』, 단체, 운동, 모임의 명칭은 〈 〉, 영화, 방송, 가요는 《 》로 표기했다.

머리말

'역사전(歷史戰)'이라 표방하고, 일본 우파가 '위안부' 문제를 중심으로 역사수정주의 메시지를 해외로 발신하는 움직임이 활발해지고 있다. 역사수정주의의 움직임은 새삼 지금에서야 시작된 것은 아니다. 제2차 아베정권 발족 후, 일본정부는 고노 담화(河野談話)를 재검증하고, 2014년 『아사히신문(朝日新聞)』의 '위안부' 보도 재검증과 함께 강하게 비난하기 시작했다. 그리고 우파 및 정부는 해외를 겨냥한 발신을 개시했고 또한 해외에 거주하는 우파 성향의 일본인, 대사관과 영사관의 움직임도 가속을 더해갔다. 이러한 해외 전개의 실태를 밝히고 일본 정치·사회의 역사수정주의를 묻는 것이 본서의 목적이다.

'역사전'이라는 말이 널리 알려지게 된 계기는, 『산케이신문(産経新聞)』이 2014년 4월에 처음 연재하기 시작하여 지금도 계속 진행 중인 연재에서 거론되고 있는 '역사전' 일 것이다. 이 연재 내용을 정리한 서적에서, 취재팀장이며 정치부장인 아리모토 다카시(有元隆志)가 제목을 '역사전'이라고 한 것은 "위안부 문제를 거론한 세력 중에는 미일동맹관계를 깨려는 어떤 명확한 노림수가 보이기 때문이다. 이미 위안부 문제는 그저 단순한 역사인식을 둘러싼 견해의 차이가 아니라, '전쟁'이다"라고 말하고 있다.[1] 또 같은 책 표지에는 "아사히신문, 한국·중국과 일본은 어떻게 싸울 것인가"라고 쓰여 있는데, 이것으로 '역사전'에서의, 적(敵)은 『아사히신문』과 한국·중국이라고 규정하고 있다는 것을 알 수 있다.

또 같은 책 영역판 표지에 게재된 추천문, "이는 그야말로 전쟁이다. 주적은 중국, 전쟁터는 미국이다(사쿠라이 요시코[櫻井よしこ])", "위안부 문제는 한미일 공동체와 북한·중국의 공동투쟁에 대해, 일본은 주 전쟁터인 미국 본토에서 방어하면서 반격의 기회를 노리고 있는 것이 현 상태다(하타 이쿠히코[秦郁彦])"를 보면, '역사전'의 주된 전쟁터가 미국이라고 생각하고 있는 것도 알 수 있다.[2]

즉 '역사전'은, 한국·중국 및 『아사히신문』이 일본을

1 『역사전-아사히신문이 세계에 퍼뜨린 '위안부' 거짓보도를 성토한다』 산케이신문사 출판 2014.

폄하하고 비난하기 위해 역사문제를 가지고 일본을 두들겨 패려고 '싸움'을 걸고 있다. 그리고 지금, 그 주된 전쟁터가 미국이고, 일본은 이것에 대항하지 않으면 안 된다는 것이다. 우파는 '위안부' 문제에 관해서는 일본 국내에서는 승리했다고 생각하는 한편, 해외에서는 계속해서 지고 있다고 인식하고 있다. '말려든 역사전'에서 계속 패하고 있는 피해자가 바로 일본이라고 강조하며, 이러한 상황을 만든 자들로는 국내 좌파와 『아사히신문』 그리고 외무성도 우파의 공격 대상이 되어 왔다.

이러한 우파에 의한 '역사전'의 움직임은 아베정권과 관계가 깊다. 원래 아베 신조(安倍晋三)는 정치활동 초기부터 역사수정주의에 의거한 발언이나 행동을 해온 인물로, 해외 미디어에서도 역사인식 문제에 관한 그의 자세를 '역사수정주의적'이라는 평가가 정착되었다. 아베 총리를 중심으로 현재 우파뿐만 아니라 일본정부도 '위안부' 문제를 비롯하여 일본 식민주의나 전쟁 책임을 부정하는 내용의 해외 발신을 적극적으로 전개하고 있다.

제2차 아베정권 이후 본격화된 '역사전'은 2010년 미국 뉴저지 주 팰리세이즈파크(Palisades Park)에 '위안부' 추

2   하타 이쿠히코(秦郁彦) 『History Wars Japan - False Indictment of the Century』 산케이신문사 출판 2015.

모비가 세워진 것이 그 계기였다. 그리고 2013년 캘리포니아 주 글렌데일(Glendale) 시(市)의 '위안부' 소녀상 설치에 대해 일본의 우파와 재미일본인 우파가 반대운동을 일으켜 글렌데일 시를 상대로 소송을 제기하기까지 이르렀다. 그 이후에도 미국뿐만 아니라 오스트레일리아, 캐나다, 프랑스 등 각지에서 '위안부' 소녀상과 추모비 설치, 박물관과 만화제(漫畫祭) 전시 그리고 '위안부' 결의 등에 대한 일본의 우파와 재외 우파 일본인들의 항의운동이 일어났다.

우파 미디어에 커다란 이슈가 된 우파 시민의 움직임 뒤에는 '위안부' 추모비와 소녀상 설치에 반대 입장을 취해온 외무성 대사관과 영사관이 있었다. 또, 외무성은 미국의 역사교과서의 '위안부' 기술 정정을 요구하였으며 이에 해외학자들은 학문의 자유를 개입하는 것이라고 비판했다. 여당인 자민당도 〈국제정보검토위원회〉와 〈역사를 배우고 미래를 생각하는 본부〉 등을 설립하여 역사수정주의를 해외 정치인들이나 학자들에게 널리 알리는 등, '역사전' 전략을 적극적으로 전개해왔다.

일본의 우파는 UN을 무대로 한 '역사전'에도 적극적인 노력을 보여주고 있다. 특히 2014년부터는 매년 우파 대표단을 제네바와 뉴욕에서 개최되는 〈여성차별철폐위원회〉와 〈여성지위위원회〉 등의 회의에 파견하여 현지에서 집회를 열고 있다.

2015년 말의 '한일합의'를 거친 현재, '합의' 평가에 대해서는 우파 내부에서도 의견이 대립하고 있지만, 우파의 '역사전' 전개가 정착될 기미는 보이지 않는다. 일본정부에 관해서도, 2016년 2월, 제네바에서 열린 UN여성차별철폐위원회에서 스기야마 신스케(杉山晋輔) 외무심의관이 "아사히신문 보도가 커다란 영향을 끼쳤다""'성노예'라는 표현은 사실에 반한다" 등, 역사수정주의자와 같은 주장을 하고 있다. UN무대에서 마치 정부가 스스로 '역사전' 참전(參戰)을 선언한 것과 같은 상황이다.

본서는 이와 같은 '위안부' 문제를 중심으로 우파와 일본정부에 의한 해외 전개의 실태와 그 배경을 파헤친 결과물이다. 노가와 모토카즈(能川元一)는 1990년부터 현재에 이르기까지 논단에서 '역사전'의 경위를 상세히 밝히고(제1장), 고야마 에미(小山エミ)는 미국 글렌데일 시와 샌프란시스코 시에서의 '위안부' 추모비 설치를 둘러싼 법정 다툼과, 일본계 미국인 커뮤니티에 끼치는 영향과 일본정부의 역할을 논한다(제2장). 테사 모리스 스즈키(Tessa Morris-Suzuki)는 일본의 우파와 정부에 의한 식민지주의 역사 부정 및 그러한 역사관의 대외 발신에 대해 비판적

검증을 하고(제3장), 야마구치 도모미(山口智美)는 우파의 '위안부' 문제에 관한 운동의 흐름을 개관하면서 그러한 동향과, 정부와 자민당의 관계를 지적한다(제4장).

이러한 일본 우파와 정부의 해외에서의 '역사관' 전개에 대한 논고가 서적이라는 형태로 출판된 것은 이번이 처음일 것이다. 해외에 거주하고 있는 고야마, 스즈키, 야마구치는 우파가 '역사전'을 부추기는 것을 실제 몸으로 체험한 당사자다. 본서가, 지금도 확산되고 있는 역사수정주의활동에 대한 비판적 분석을 통해, 현재 상황에 대한 이해를 넓히고 대응책을 강구한다는 의미에서 도움이 되었으면 한다. 전시(戰時) 폭력에서 살아남은 '위안부' 할머니들의 목소리가 역사수정주의자들에 의해 더 이상 중상모략을 당하고, 부정되고, 사라져가는 것이 아니라 오히려 역사에 새겨지고, 영구히 기억에 남아, '위안부' 피해자 쪽에 선 진정한 의미에서의 해결을 위해서도….

야마구치 도모미

차례

제1장

'역사전'의 탄생과 전개

노가와 모토카즈(能川元一)

1장에서는『산케이신문』과 월간지『정론(正論)』(산케이신문사)을 중심으로 현재 전개되고 있는 '역사전' 캠페인의 유래를, 주로 보수·우파논단(이하 '우파논단'이라 칭함)의 동향을 분석하여 '역사전'이 무엇을 지향하고 있는가, 또 그들의 주장이 어떠한 문제를 안고 있는가를 밝혀가겠다.

'역사전' 전사(前史) — 전기(轉機)로서의 '1997년'

패전 후 역사교육에 대한 정치적인 공격은 보수합동 이후로 거슬러 올라갈 수 있겠으나, 역사수정주의의 현재 상황과 직접 관련되는 흐름을 개관하기에는 1997년 전후가 매우 중요한 단락이라 할 수 있다.

새삼 의외라고 생각할지도 모르지만, 일본군 '위안부' 문제가 패전 후 보상문제에 새로운 과제로 떠오른 1991년 여름~1992년 초부터 한동안 우파논단에서 이 문제에 대한 움직임은 지금처럼 활발하지는 않았다. 반격을 위한 준비가 되어 있지 않은 것이 이유 중 하나이며, 또 다른 이유는 반공의 맹우(盟友)—단지 어디까지나 격하(格下)의 맹우(盟友)—인 한국정부에 대한 배려도 있을 것이다. 후자에 대해서는 1992년 1월 미야자와 기이치 총리의 방한 직후,『정론』1992년 3월호에 게재된 사토 가쓰미(佐藤勝巳)『현대코리아』주간의 「'종군위안부'인가 '북한의 핵'인가」가 당시 우파 논단의 주된 관심 대상이었다. 1993년 8월에 발표된 '고노 담화'에 대해서도, 후의 동 담화에 대한 우파의 공격 양상을 보면 놀라울 만큼 조심스러운 반응뿐이다. 담화 다음 달에 발표된『정론』1993년 10월호에는 담화를 직접 테마로 하는 기사는 보이지 않고, 같은 해『제군(諸君)!』(문예춘추사) 10월호에『산케이신문』기자 구로다 가쓰히로(黒田勝弘)가 「한일합작 위안부 '정치결착'의 내막」을 기고하는 정도였다. 그것도 '강제성'을 인정한 고노 담화에 이르기까지의 정부조사에 대해, '강제성'의 인정이 한국정부의 요구에 응한 것이라고 하면서도, '논리적으로 말하면, 결론이 이미 나버린 진상조사는 조사가 아니지만, 정치적, 외교적 결착을 위해서는 그럴 수도 있다'고 어느 정도 이해를 표명한 것으로 되어 있다. 또『정론』같은 해 12월호에는 '1993년 아시아미래회의 한일·일한 심포지엄'의 문장이 '반일과 혐한의 사이'로 시작되고 있지만, 한국인 2인과 역사수정주의자로 알려진 외교평론가 가세 히데아키(加瀬英明)를 포함한 일본인 2인으로 구성된 4인의 발의자 중 아무도 '위안부' 문제에 대해서는 언급하지 않았고 질의응답에서도 화제가 되지도 않았다.

1995년에 등장한 〈여성을 위한 아시아평화국민기금〉(아시아여성기금)에 대해서도 우파논단지 논조는 "선동이나 후원도 안 하지만 강하게 반대하지도 않는다"는 식이었다. "전쟁위안부에 대한 보상은 국가가 취급할 일이 아니다. 단 사적인 레벨에서 제공되는 부분에 대해서는 전혀 상관하지 않는다"[1]와 같은 발상이, 그러한 태도의 배후에 있었다고 할 수 있다.

상황이 크게 바뀐 것은 1996년부터 다음 해 1997년 사이였다. 『정론』 1996년 9월호에 나카무라 아키라(中村粲) 돗쿄대학(獨協大學) 교수가 기고문에 "위안부 문제에 숨겨

1 와타나베 쇼이치(渡部昇一) 「'패전 후 보상'이라는 폭거」『정론』1994년 11월호.

진 허위"가 "종군위안부에 관한 사항이 내년도에 사용할 중학교 교과서에 일제히 기재된다고 하니 단순히 놀라는 것만으로 지나칠 수 없는, 뭔가 석연치 않은 사태라 할 수 있다"고 적시한 것으로도 알 수 있듯이 그들의 의식 변화의 큰 계기는 역사교과서에 일본군 위안부 문제가 기술된다는 것에서였다. 『정론』 1997년 1월호에는 〈새로운 역사교과서를 편찬하는 모임〉(이하 〈편찬하는 모임〉으로 칭함) 발족 기자회견에 때를 맞춘 듯이 후지오카 노부카쓰(藤岡信勝) 도쿄대학 교수 인터뷰 「내가 반일역사교육에 도전한 결정적인 동기」가 게재되고, 같은 해 6월호에는 〈편찬하는 모임〉 설립기념 심포지엄을 수록한 「'자학사관(自虐史觀)'을 넘어서」와 〈편찬하는 모임〉의 선두주자 격이었던 메이세이(明星)대학 교수 다카하시 시로(高橋史朗)의 「파탄을 맞이한 '종군위안부 강제연행'설」이 함께 게재되었다. 『제군!』은 1996년 10월호에 후지오카 노부카쓰의 「'종군위안부'를 중학생에게 가르치지 말라」를 게재하였다. 1997년 1~3월 및 9월호 4회, 각호 톱기사로 목차 맨 위에 실린 논고가 '위안부' 문제 아니면 교과서 문제에 관련된 것이었다.

거의 같은 시기에, 일본군 '위안부' 문제가 부상하기까지는 일본의 역사수정주의의 최대 공격 대상이었던 난징대학살에 관해서도 우파논단을 뒤흔드는 움직임이 있었다. 학살사건으로부터 60년째 되는 1997년, 중국계 미국인 아이리스 장(Iris Shun-Ru Chang, 張純如, 1968~2004)[2]의 『The Rape of Nanking』이 미국에서 간행되어(Basic Books 출판사) 베스트셀러가 되었다. 또 난징안전구국제위원회 위원장이었던 독일인 존 라베(John Heinrich Detlef Rabe, 1882~1950)[3]의 일기가 같은 해 간행되어 미국에 알려지게 되었다. 『The Rape of Nanking』이 우파에 안겨준 충격은 대단했다. 10년 후 후지오카 노부카쓰가 「대(對) 'The Rape of Nanking(난징학살)' 10년 전쟁의 교훈」(『정론』 2007년 5월호)이라는 제목으로 그 충격을 회상한 것을 보면 알 수 있다.

아이리스 장의 등장은 중국계 미국인 전후세대가 아시아·태평양전쟁 역사에 관심을 기울이게 되었다는 것을 의미하지만, 일본 우파에 있어서는 난징사건이 중·일 간의 문제에서 미·중·일 간의 문제로 발전한다는 것을 의미하고 있었다. 또 일본군 '위안소' 제도를 국가가 주도한 여성에 대한 폭력, 전시성(戰時性) 폭력의 역사적 사례로 국제사회에 알리려는 피해자 지원운동의 노력이 1996년

2 중국계 미국인 저널리스트, 정치활동가, 작가.
3 독일인 상사 사원. 시멘스사 주재원(후에 지사장)으로 30년 동안 중국에 거주하면서 중일전쟁 당시 난징에서 민간인 보호활동에 진력.

쿠마라스와미(Radhika Coomaraswamy)[4] 보고, 1998년 맥도갈 보고(McDougall Report)[5]의 형태로 결실을 봤다. 현재 아베 내각과 우파가 강경하게 부인하고 있는 '성노예제'라는 인식도 이 보고서에 기재되어 있다.

이와 같은 움직임은 역사인식 문제에 관한 '반일포위 망'이라는 우파의 인식으로도 이어진다. 『제군!』 1997년 3월호에 게재된 치바대학 교수 하타 이쿠히코(秦郁彦)[6]의 「한·미·중의 새로운 대일 포위망 '위안부와 731부대' 동일시를 조종한 자」는 그러한 인식을 이른 단계에서 꽤 명확하게 도출시켰다고 할 수 있다. 다소 길어지겠지만 인용해보겠다.

1997년은 종전 50주년에서 3년째인데 어쩐지 일본의 전쟁범죄, 역사인식을 추궁하는 Jpan bashing(일본 비난)의 해가 된 것 같은 느낌이다.

이 포위망에는 항상 적지 않은 일본인 운동가도 가세하고 있지만 지금까지와 조금 다른 점이 있다면 한국,

---

4 UN인권위원회 의결에 의거하여 제출된 여성에 대한 폭력과, 그 원인 및 결과에 관한 보고의 통칭.
5 무력분쟁시의 조직적 강간·성노예제 및 노예제 유사관행에 관한 최종보고서.
6 관료출신 역사학자. 현대사가.

미국, 중국이라는 3대국의 그늘이 어른거리는 점이다.

이미 작년(1996년)부터 올 1월에 걸쳐 대일 포위망 주축을 보여주는 다음과 같은 전조 현상이 나타나고 있다.

1. 12월 3일: 미국 법무성은 과거 일본군 731부대와 '종군위안부' 관계자 16명을 입국금지 대상자로 지정했다고 공표, 한·중 양 정부가 지지성명을 발표했다.

2. 12월 6일~8일: 스탠포드대학에서 중국계 미국인 조직 〈세계항일전쟁사실유호(史實維護)연합회〉 주체로 「제2차 세계대전 때의 잔학행위에 대한 일본의 책임」이라는 제목으로 국제심포지엄이 열렸다. 일본에서는 마쓰무라 다카오(松村高夫, 게이오대학 경제학부 교수) 등 6명이 참가, 731부대(이시이 부대)의 세균전을 보고하고 있다.

3. 12월 10일: 수도 워싱턴 홀로코스트(Holocaust: 민족말살, 대량학살) 박물관에서 보스턴대학 의학부 등의 주체로 「제2차 세계대전의 잔학행위」에 관한 심포지엄을 개최, 731부대 전문가 셸던 해리스(Sheldon H. Harris) 교수 등이 보고하고 있다.

4. 12월 12일: 중국계 미국인이 조직한 난징대학살수난동포연합회가 뉴욕에서 기자회견. 난징난민구 위원장이었던 고(故) 라베 박사의 손녀가 동석하여 라베가 히

틀러에게 보낸 보고서와 일기를 공개하였고, 주요 TV, 신문이 대대적으로 난징학살사건을 보도(요지는 12월 8일자 아사히신문에 소개했다).

5. 1월 11일: 아시아여성기금이 서울에서 위안부 할머니에게 '보상금' 등의 명목으로 500만 원을 지급한 것에 대해 지원단체 등이 반발, 당시까지 일본의 국가보상은 불필요하다고 일관된 태도를 보여온 한국정부는 일변하여 국가보상이 필요하다고 표명, 김영삼 대통령은 이케다(池田) 외상에게 보상금 지급의 '백지철회'를 요청했다.

1~5가 주도면밀히 짜여진 프로그램의 일환이었는지 여부는 확증할 수 없지만 서로 관련되어 있는 부분이 존재하는 것은 분명하며, 나는 이러한 일련의 흐름이 서서히 고조되어 올(1997년) 8월에 마쓰무라(松村)그룹이 계획하고 있다는 731부대 피해자 집단 제소(提訴) 시점에서 정점에 달할 것이라고 예상하고 있다.

이제까지 731부대의 세균전, 독가스 사용, 난징대학살사건, 위안부 문제 등 과거일본군의 비행은, 시차를 두고 개별적으로 다뤄져왔다. 대응하는 쪽도 각개격파가 가능했지만 뭉쳐서 공격해오면 약해진다. 내부의 적도 있을 것이고 퇴각에 이은 퇴각이라는 제2차 세계대전 말기의 참상을 반복할 가능성이 높다.

　주목해야 할 것은, 여기서 중국계 미국인들의 시민운동이 이른바 '적(敵)'으로 인식되고 있는 것이다. 인용문 중에 있는 세계항일전쟁사실유호연합회는 근래에도 미국 각지에서 '위안부' 추모비 건립문제(제2장 참조)에 관련하여 『산케이신문』 등에 '흑막' 취급을 당하고 있다. 물론 지금에 이르러서는 한국계 미국인의 운동도 '적' 목록에 추가되어 있다. '각개격파' '내부의 적'이라는 식의 '전투'의 메타포(metaphor)도 이미 사용되고 있다. 또 우파논단은 이 시민운동을 자율적인 시민운동이라기보다 한국이나 중국의 출장기관 취급을 하고 있지만, 아이리스 장은 자신이 접촉한 중국계 미국인의 활동을 활성화시킨 것은 천안문사건에 대한 항의활동이었다고 규정하고 있다.

　이처럼 1997년 전후로는 (1)일본군 '위안부' 문제가 중학교 역사교과서에 실리게 된 것을 계기로, 우파논단에서의 '위안부' 문제의 중요성이 고조됨과 동시에, (2)과거 일본군의 전쟁범죄에 대해 아시아계 미국인들이 관심을 갖게 되어, 시민운동의 국제적 연대가 형성된 점, 이 두 요인에 의해 우파논단에 '역사인식·전후보상문제를 둘러싼 대일포위망이 형성되고 있다'는 인식이 성립된다.

물론 그 전제가 되는 것은, 아시아·태평양전쟁에 관한 역사수정주의적인 인식이다. 난징사건은 존재하지 않았다, 일본군 '위안부' 문제에 관해서 과거 일본군·일본정부가 떠안아야 할 책임은 없다,라는 전제가 존재하기 때문에 일본정부의 책임을 추궁하는 운동이 '일본을 매도하려는 운동'으로 인식되는 것이다.

또 하나, '대일포위망'과 같은 인식을 낳게 된 배경에는, 역사적 사실(事實, 史實)에 관한 우파의 냉소주의―아마도 주관적으로는 리얼리즘으로 해석되고 있는―가 있다. 난징사건에 대해 나가노 시게토(永野茂門, 1922~2010) 당시 법무대신이 "날조다"라고 발언한 것이 1994년 5월에 보고되어, 취임한 지 얼마 안돼 파면된 건을 들어 방위대학교 교수 사세 마사모리(佐瀬昌盛)는 『제군!』 1994년 7월호 기고문 「나가노 발언과 국제감각」을 통해 이러한 냉소주의를 단적으로 지적했다. 사세는 1994년 5월 7일자 『요미우리신문』 조간에 실린 자신의 코멘트를 인용하는 형식으로 다음과 같이 말하고 있다.

이런 논쟁을 계속해봤자 해결되지 않는다. 50년 이상 지난 사건이고, 주장하고 있는(30만여 명) 학살이 실제로 행해졌는지는 아무도 100퍼센트 증명할 수 없다. 이것은 논증문제라기보다는 설득력의 문제다. 목소리가 큰 쪽이 이긴다. 게다가 국내에서 결론이 나지 않는 논쟁의 판정을 해외에 구하는 모양새가 되어 아무도 적극적으로 '없었다'고 대외적으로 말하고 싶지 않은 상황 속에서 나가노 법무상처럼 말하면 해외에서 비난이 쇄도할 것은 불 보듯 뻔하다. 매스컴을 포함하여 이해 못하고 있는 것은, 이 논쟁이 현재의 국제정치 게임 속에서 일어나고 있다는 거다. 중국은 '과거의 역사'를 재료로 현재의 정치게임을 겨루고 있다. 나가노 씨가 이점을 알아차리지 못했다면 승산 없는 싸움을 한 셈이다. (후략)

일본은 국가사업으로 난징사건에 대한 조사도 하지 않았으면서 "아무도 100퍼센트 증명할 수 없다"고 단정하고는 "목소리가 큰 쪽이 이긴다"고 말하고 있다. 사세는 거듭 다음과 같이 주장하고 있다.

논증게임에서는 논증력이 승패를 좌우한다. 그 때문에 다수파가 논증력에 있어 강하다고만은 할 수 없다. 그러나 정치게임에서는 지지자 수가 중요하다. 그러기 위해서는 괴변일지라도 열심히, 목소리 높여, 나아가 확신적인 자기 주장을 하는 것이 유리하다. 중국은 그렇게

해왔다. 그리고 중국과의 싸움에서는 정치게임이 지배하고 있기 때문에 일본이 이길 수가 없다. (후략)

다시 말해 일본 측에서 '열심히, 목소리 높여, 게다가 확신을 가지고 자기 주장'을 하면서 역사인식 '대일포위망'을 돌파하려는 전투야말로 '역사전'인 것이다.

정보전 — 제1차 아베 내각시대의 우파논단

단지 이 역사논단을 둘러싼 전쟁이 처음부터 '역사전'이라 불리지는 않았다. 먼저 등장한 것은 '정보전'이라는 게임이다. 〈편찬하는 모임〉 제9회 심포지엄 상황을 수록한 『정론』1999년 5월호 기사는 「일본의 운명을 쥔 정보전」이라는 제목에, "4명의 패널리스트는 새로운 화제를 제공하면서 건전한 내셔널리즘을 육성시키는 역사교과서와, 반일세력과의 정보전에 승리할 필요성을 역설했다"고 쓰고 있다. 패널리스트 다카모리 아키노리(高森明勅)[7]가 "이러한 것(외국인 기자들의 역사인식을 가리킴)을 돌파해

---

7 평론가, 신도학자, 역사가, 왕실연구자. 국학원(國學院)대학 강사.

가기 위해서는 견실한 학문적 검증 위에, 학문이 어떻게 그러한 내외 정치적 주저를 극복해갈 것인가에 대한 자각적 노력을 하지 않으면 안 된다"고 발언한 것은 매우 흥미롭다. '학문적 검증'이라는 원칙을 유지하면서도, '정보전'이 정치운동이 될 수밖에 없는 것을 사실상 인정하고 있기 때문이다. 그리고 우파는 '내외의 정치적 주저를 극복해가'기 위한 절호의 기회를 맞이하게 된다. 그것은 2006년 9월의 제1차 아베 내각의 성립이다.

표 1-1 **자민당총재 역임자가 우파논단지에 등장하는 횟수**
(2000년 2월호~2012년 10월호)

논객명/지명(誌名)	『정론』 등장 회수	『제군!』+『WILL』 등장회수
아베 신조	20회(11회)	17회(10회)
후쿠다 야스오	0회	0회
아소 다로	0회	1회
다니가키 사다카즈	1회	0회
이시바 시게루	4회	4회

저자주: 『제군!』은 2000년 2월호~2009년 6월호.
『WILL』은 2009년 7월호~2012년 10월호

여기서 아베 신조라는 정치인과 우파논단과의 밀접한 관계를 보여주는 데이터를 소개하겠다. 2000년대에 들어서면서부터 아베가 총리 퇴임 후에 재차 자민당 총재로 재등장할 때까지, 월간 논단지 간행 일정에 따라 설명하면, 2000년 2월호부터 2012년 10월호(증간호를 포함) 사이에 고이즈미(小泉純一郎) 총재 이후 자민당 총재 역임자를 월간 우파논단지가 얼마큼 기용해왔는가를 보여주는 데이터다(표1-1). 국립국회도서관의 '잡지기사' 데이터베이스로「논자(論者)」에 아베 신조, 후쿠다 야스오(福田康夫),[8] 아소 다로(麻生太郎),[9] 다니가키 사다카즈(谷垣禎一)[10] 총재 역임자와 2012년 총재선거에서 아베와 겨룬 이시바 시게루(石破茂)를 설정하여 검색해봤다. 검색 대상은『정론』『제군!』및『WILL』이다.『제군!』은 2009년 6월호를 마지막으로 휴간되었고,『WILL』은 2005년 1월호가 창간호인데, 여기서는『제군!』2000년 2월호~2009년 6월호 분과『WILL』2009년 7월~2012년 10월호 분에 등장하는 횟수를 합친 수를 사용했다. 두 잡지가 일치하는 기간을『제군!』만으로 나타낸 것은 그 기간에 세력이 강했던 정치인의 노출 빈도를 과대평가하지 않기 위한 것인데, 결과적으로는 거의 영향이 없다. 아베에 대해서는 2007년

---

8 2007년 9월~2008년 8월 일본내각총리. 22대 자민당 총재.
9 2008년 9월~2009년 8월 일본내각총리. 23대 자민당 총재.
10 24대 자민당총재(2009년 9월~2012년 9월).

의 총리 퇴임 시부터 두 번째 자민당 총재 취임 시까지의 기간, 2007년 11월호부터 2012년 10월호까지의 수를 ( ) 안에 표기했다.

아베—아소까지의 총재 재임기간은 모두 약 1년으로 큰 차이는 없다. 다니가키의 총재 재임기간은 약 3년인데 총리는 한 적이 없다. 이시바 시게루의 총 8회는 비교적 많은 듯하지만, 그중 5회는 자위대 이라크파병 때문에 국론이 분열됐던 2004년에 방위청장관이었던 점을 고려할 필요가 있다. 그런데 이와 같은 조건을 감안할 필요도 없이, 아베 신조 노출 횟수가 눈에 띈다. 1997년 2월에 결성된 〈일본의 전도(前途)와 역사교육을 생각하는 젊은 의원 모임〉(후에 모임 이름에서 '젊은'이 삭제되었음)의 사무국장을 하고 있던 아베는 우파논단으로부터 기대가 촉망되는 총리였다. 우파논단이 '내외의 정치적 주저를 극복해가는' 절호의 찬스라 생각했던 것도 당연하다.

다른 한편으로 2007년은 그 외에도 우파논단이 역사인식 문제에 주력해야 할 이유가 다소 겹치는 해였다. 첫째로, 2006년부터 이듬해 2007년에 걸쳐 미국 하원에서 일본정부에 '위안부' 문제 해결을 촉구하는 결의가 의제로 등장한 것이다(2007년 7월에 채택). 또 1937년 12월에 시작된 난징사건이 70주년을 맞이하여, 난징사건을 모티브

로 한 영화 제작 프로젝트가 여러 편 진행되고 있었다. 같
은 해 3월에 발표된 2008년도부터 사용되는 고등학교 교
과서 검정결과에서, 오키나와 전(戰) '집단자결'에 관여된
일본군의 '강제(強制)'에 대해서 검정 및 수정 의견이 제시
되었다는 사실이 밝혀져 오키나와현을 중심으로 항의운
동이 들끓었다. 2006년부터 2007년은 일본의 역사수정
주의에 있어 1997년 전후로 계속된 커다란 고비를 겪는
시기였다. 그림 1-1이 보여주는 『정론』 2007년 9월호 목
차 모두(冒頭) 부분은 이 시기의 정세를 보여주고 있다.

이상과 같은 정세 속에서 떠오른 것이 '정보전'이라는
발상이다. 『정론』 2007년 5월호에 게재된 다쿠쇼쿠(拓殖)대
학 교수 후지오카 노부카쓰의 「대 'The Rape of Nanking'
10년 전쟁의 교훈」은 이렇게 시작된다.

20세기는 전쟁과 혁명의 세기였다. 21세기는 사회
주의체제 붕괴로 세계전이 발발할 가능성은 희박하나,
20세기에 일어났던 전쟁해석을 둘러싼 또 하나의 '전
쟁'이 계속되고 있다. 과거의 적국을 침략자로 묘사함
으로써 상대국보다 정치적·도덕적으로 우위에 서서 자
국의 지배하에 두려고 한다. 그것이 전쟁해석을 둘러싼
'정보전'이라는, 또 하나의 전쟁을 의미한다.

그림 1−1

『정론』2007년 9월호 목차

그림 1-2

『정보전 '위안부·난징'의 진실』(오쿠라출판, 2007년) 표지.

또 해외에서 '난징사건 영화'에 대항하여 영화《난징의 진실》제작을 기획한 일본문화채널 사쿠라[11] 대표 미즈시마 사토루(水島總)는 『정론』 2007년 9월호 「영화《난징의 진실》제작에서 보여준 정보전의 진실」에서 "물론, 이 난징대학살 캠페인이 현실적 문제로서는 중국 공산당의 국가전략에서 시행되고 있는 정보전쟁인 것은 확실하다"라고 단언하고는 거기에 "전후 우리 일본인이 제대로 된 의식과 인식을 가지고, 이 역사날조 캠페인에 대처할 수 있다면, 이런 악성 선전 따위는 문제가 되지 않는다"고 주장하고 있다. 그리고 그 다음 달부터 미즈시마가 연재하기 시작한 칼럼 「영화《난징의 진실》제작일지―'정보전'의 최전선에서」는 100회를 넘었고, 본서 집필 시점에도 계속되고 있다.

위 인용문을 보면 알 수 있듯이, 이 '정보전'의 발상은 (1)난징대학살 '30만 명'도 일본군 '위안부'도 그야말로 누명이며, (2)그와 같은 누명이 사실이라고 주장하는 것은 일본을 지배하기 위한 선전이기 때문에, (3)반일 선전에 대항하기 위한 정보 발신을 하지 않으면 안 된다는 것이다. 오키나와 전(戰) '집단자결'도 재일미군기지가 집중

---

11 일본TV프로 제작·동영상사이트 운영회사.

되어 있는 오키나와에서 반전의식을 조성하기 위해 '반일' 세력이 선전하고 있는 것이며, 중국의 패권주의를 유리하게 하는 것이다. 그림 1-2는 2007년 7월에 오쿠라출판사에서 간행된 비정기 간행물 『정보전 '위안부·난징'의 진실—의도된 정보전쟁에 이기는 방법』(니시무라 고유[西村幸祐][12] 책임편집) 표지인데, 당시 우파논단의 분위기가 잘 나타나 있다.

정보전이라는 발상은 우파논단지를 넘어서 국회의 논전(論戰)에까지 미치고 있었다. 2006년 3월 15일, 중의원 외무위원회에서 질문에 나선 민주당 마쓰바라 진(松原仁) 중의원 의원은 난징사건을 제재로 한 빌 구텐타그(Bill Guttentag) 감독 등의 영화 기획을 예로 들면서 "중국의 프로파간다(propaganda)가 행해지려고 한다"는 것에 대해 외무대신의 생각을 묻는 질문과 함께, "이러한 정보전에 지지 않는 강력한 외무성으로 만들어달라"고 요청하고 있다.

두 번째의, 이것이 가장 중요한 부분입니다만, 1937년 11월에 국공합작(國共合作)[13] 하의 국민당은 중앙선전

---

12 평론가, 비평가, 저널리스트.
13 1924년부터 1927년과 1937년부터 1945년의 2회에 걸쳐 중국 국민당과 중국 공산당 사이에 맺어진 협력관계.

부에 국제선언처를 설치했습니다. 국제선언처의 극비 문서 「중앙선전부 국제선언처 공작개요」에 의하면, 여기에는, 그 후에도 쓰여 있습니다만, 팀펄리(Harold John Timperley, 1898~1954)[14]가 『전쟁이란 무엇인가』라는 책을 내, 이것이 최초로 난징대학살이라 불렸던 사건입니다. 이 『전쟁이란 무엇인가』를 난징 부근에서 내지 않고 미국에서 낸 것 자체가 극히 의도적이어서, 간단히 말하면, 현장에서 내면 그것이 거짓이라고 탄로가 날 것이므로, 그것을 확인할 수 없는 바다를 건너 먼 곳에서 내면 탄로가 나지 않을 것이라는 것, 이는 정보전의 아주 기초적 행동양식으로 팀펄리는 그리했을 거라고 나는 생각합니다만, 이것도 어디까지나 추측입니다.

여기서 마쓰바라는 난징대학살 부정론(否認論) 속에서도 비교적 새롭게 생각해낸 논점을 내놓고 있다. 이것은 아시아(亞細亞)대학 교수 히가시나카노 슈도(東中野修道)와 리쓰메이칸(立命館)대학 교수 기타무라 미노루(北村稔) 등에 의해 2000년 무렵부터 제기되기 시작했다.

1937년 전화(戰火)가 덮친 난징에 남아있던 소수 서양

---

14 오스트레일리아 출신 저널리스트. 중국국민당 국제선전처 고문.

인들은 일반시민들을 보호하기 위해 난징 시내에 안전구역(난민구) 설치를 기획하고 국제위원회를 설립했다. 위원장에 취임한 자는 앞서 소개한 독일인 라베였다. 당시 독일과 일본은 방공협정[15]을 맺고 있었기 때문에 호의적 대우를 기대한 인사(人事)였다. 행정기관이 무한(武漢)[16]으로 이전한 후 난징 시의 위원회는 일반시민을 보호하기 위해 진력했으나, 동시에 일본군 점령 하에 일어난 잔학행위와 약탈 등을 기록, 일본군에게 항의·선처 요구와 또 난징의 상황을 해외로 알리기 위한 활동도 했다. 패망 후 극동국제군사재판에서도 위원회 일부가 증인으로 출정했다.

히가시나카노, 기타무라 등의 주장은 다음과 같은 형태로 정리되어 우파논단이나 인터넷상에 유포되고 있다.

난징공략전이 한창일 때부터, 중국 국민당정부는 당 고문이기도 했던 외국인 기자 등을 동원하여 조직적인 선전공작을 개시했다. 국민당 중앙선전부 고위간부는 "우리는 목하 국제선전에 있어서 (중략) 우리에게 호

---

15 일본과 독일 간 1936년 11월에 조인된 국제공산주의운동을 지도하는 코민테른에 대항하기 위한 협정.
16 중국 중부 호북성(湖北省) 동부에 위치한 도시.

의적인 외국인을 수배하여 우리의 대변자가 되어줄 것을 합의했다"는 글을 남기고 있다. 맨체스터 가디언(Manchester Guardian)의 기자였던 팀펄리와 난징 금릉(金陵) 대학 교수였던 베이츠(Miner Searle Bates, 1897~1978) 등이 중립인 척하며 '난징학살'을 적극적으로 해외로 알렸는데, 후에 두 사람 모두 국민당 고문이 되었다는 것이 판명되었다.

베이츠라는 자는 국제위원회 멤버 중 한 사람이었고, 당시 상하이에 있던 팀펄리는 베이츠로부터 보고받은 내용을 『What War Means(전쟁이 의미하는 것): The Japanese Terror in China(중국 내 일본의 테러)』라는 책에 정리하여 국제 여론 환기를 꾀했다. 이 두 사람이 국민당의 앞잡이였다는 것이다. 난징대학살은 중국의 프로파간다에 지나지 않는다는 주장은 그 이전부터 존재했지만, 구체적인 사료적 근거가 있다는 히가시나카, 기타무라의 주장은 그 후 난징사건 부정론의 중요한 기둥이 되었다. "난징대학살은 국민당의 선전전(宣傳戰)의 산물이다"는 일대 '발견'이 우파논단에 '정보전'의 중요성을 강하게 각인시켰다고 할 수 있다.

그런데 그 사료적 근거의 타당성에 대한 비판은 선행

연구에 맡기기로 하고, "베이츠 등은 국민당 고문이었다"는 주장은 전형적인 대인논증(對人論證)[17]이다. 난징대학살 이전에 고문으로 있었다는 주장을 설령 받아들였다고 해도, 그것은 사료 비판을 할 때 유의해야 할 사항은 될 수는 있겠으나 학살이 날조라 할 수 있는 '결정적 증거'는 도저히 될 수 없다. 또 프로파간다 목적에 비추어 생각해봐도 날조가 폭로될 위험을 불필요하게 끼치는 것은 불합리하기 때문에 '프로파간다'가 바로 '날조다'라는 의미일 리도 없다(이는 물론, 일본군 '위안부' 문제가 한국의 프로파간다라는 주장에도 적용된다). 즉 '국민당 고문(顧問)'설을 결정적인 설로 생각하는 것은 이미 학살이 날조라는 신념이 성립되어 있기 때문이다. 그런데 이 '논점 선점'에 무감각하다면, 국제사회는 왜 날조에 속고 있는 것일까? 이 점에 대해서는 나중에 다시 생각해보기로 하겠다.

제2차 아베 내각과 '역사전'

'정보전'에서 우파논단이 활기를 띤 2007년 전후부터

---

17 argumentum ad hominem. 논객의 지위, 직업, 경력, 성격, 사상 등을 이유로, 논객의 주장의 진위를 비판하려는 것.

몇 년 동안은, 한편으로 역사수정주의 세력에 있어 역풍의 시기이기도 했다. 첫째는 2006년에 결성된 〈편찬하는 모임〉의 내분·분열소동이다. 현재 우파계 교과서가 이쿠호샤(育鵬社), 지유샤(自由社) 2사에서 발행되고 있는 것은 그 당시 분열에 의한 것이다. 두 번째로 우파의 활발한 '정보전'에도 불구하고―라기보다는 오히려 '정보전' 때문에 2007년에 미국 하원에서 '위안부' 결의가 채택된 것. 세 번째로 이어진 소송에서 패소한 것이다.

우선 2006년 12월, 난징공략전 와중에 「100인 참수(百人斬り)」 경쟁 용사로 신문기사를 화려하게 장식하여 패전 후 전범재판에서 사형을 당한 2명의 일본군 장교 유족이, 마이니치(每日)신문사, 전『아사히신문』기자 혼다 가쓰이치(本多勝一), 아사히신문사, 가시와쇼보(柏書房)[18]를 제소한 민사소송 최고재판 판결이 내려졌다. '100인 참수'는 당시 신문기자의 창작이고, 전쟁 중의 '100인 참수' 보도 및 패전 후 재차 '100인 참수' 경쟁이 소개되어 고인의 명예가 훼손되고, 고인에 대한 유족의 경애 추모 감정이 침해되었다는 이유에서였는데, 원고의 청구를 기각한 판결이 확정된 것이다. 도쿄고등재판 판결에서는 피고의 주장을

---

18 출판사. 주로 인문학, 역사학, 도서관학에 관한 출판이 다수.

받아들여 "두 장교가, 난징공략전의 복무하는 과정에서 당시로서는 「100인 참수 경쟁」으로 신문에 보도되는 것에 위화감을 느끼지 않는 경쟁을 한 사실 자체를 부정할 수는 없다"고 두 장교의 전쟁범죄를 사실상 인정하는 판결을 하고 있다. 또 이 소송에서 원고대리인을 맡은 변호사 1인이 '차기 총리'감으로 소문이 자자했던 이나다 도모미(稲田朋美)[19] 현 자민당 정조회장(政調会長)이었다.

또 2009년 2월에는 난징사건 생존자(피해자 유족이기도 함)인 중국인 여성이 히가시나카노의 저서 『'난징학살' 철저 검증』(展転社, 1998년)에서 "가짜피해자" "가짜증인"이라고 기술되었다고 해서 히가시나카노와 덴덴샤(展転社)[20]를 상대로 제소한 재판에서 최고재판 판결이 내려져, 히가시나카 등에 합계 4,000만 원 배상지불이 확정되었다. 2007년 도쿄 지방재판 판결에서는 "피고 히가시노나카의 본래 자료의 해석은 타당하다고는 판단하기 어렵고, 학문연구의 성과 가치가 없다고 해도 과언이 아니다"라는 엄격한 판단을 내리고 있다. 이것으로 히가시나카노는 『Will』 2008년 10월호 기고를 마지막으로 우파논단에서 사실상

19 자민당소속 중의원 의원(4기), 방위대신(제15대), 내각부특명담당대신(규제개혁담당).
20 출판사. 창업 이래 보수주의, 우익사상, 일본사 관련 저작을 출판.

퇴장하게 된다.

그리고 오에 겐자부로(大江健三郎)[21]의 『오키나와 노트』(岩波新書, 1970년)[22] 등의 오키나와 전(戰) '집단자결'에 관한 기술이, 당시 오키나와현 자마미시마(座間味島) 및 도카시키시마(渡嘉敷島)의 현지 지휘관 2명의 명예를 훼손했다 하여 전 지휘관 본인 1명과 다른 1명의 유족이 오에(大江)와 이와나미 쇼텐(岩波書店)[23]을 제소한 재판에서도 2008년에 원고 패소 1심 판결이 내려졌고, 2011년에 최고재판에서 1심 판결대로 확정되었다. 우파에 있어서는 실질적으로 '집단자결'에서 군의 '강제'를 부정하기 위한 소송의 의미는 있었으나, '100인 참수' 소송과 마찬가지로 역효과가 났다.

물론, 2007년 9월에 아베 총리가 병환을 이유로 퇴진한 것도, 우파논단에게는 뼈아픈 일이었다. 그러나 앞서 표1-1에서 보여주었듯이 그 후로도 우파논단지는 아베를 극진히 모시며 부활을 준비한다. 이와 같은 '와신상담'

21 소설가. 아쿠타가와상, 노벨문학상 수상.
22 전쟁 말기, 오카나와 '집단자결' 등을 취재한 르포르타주. 오키나와 전에서 주민들이 당시 군에 의해 강제적으로 자살하도록 강요한 상황을 기술.
23 일본 대표적인 출판사. 고전과 학술연구 성과를 사회에 보급시키는 데에 공헌하였고, 문화의 대중화에 다대한 영향을 끼침.

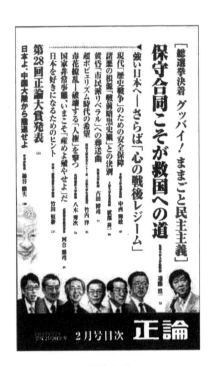

그림 1-3

『정론』 2013년 2월호 목차

의 시기를 거쳐 부상(浮上)한 것이 바로 '역사전'이다.

불을 붙인 자는 교토대학(京都大学) 명예교수 나카니시 데루마사(中西輝政)[24]의 「현대 '역사전쟁'을 위한 안전보장」(『정론』 2013년 2월호)이다. 나카니시는 일본이 안고 있는 몇 가지 과제의 기본 공통부분은 '국가관의 결여'라고 명시하고, 이 결여는 '쇼와(昭和) 초기부터 패전까지'를 전면 부정하는 도쿄재판사관(東京裁判史観),[25] 시바사관(司馬史観)[26]을 고도성장기에 수용했기 때문이라고 논했다. 따라서 '역사회복'이 절박한 과제인데, 이때 장해가 되는 것이 '한국과 중국의 역사문제를 이용한 대일공세'다.

> 동아시아에서는 현재 내셔널리즘 충돌에 '역사'를 개입시키려는 '역사전쟁'이 전개되고 있다. 일본이 사죄하고 배상금을 지불해도 애초부터 해결될 문제가 아니다.

---

24 역사학자, 국제정치학자.
25 도쿄재판소가 판결한 내용은 모두 정당하고, 만주사변에서 출발하여 태평양전쟁에서 끝난, 일본이 관련된 각종 사건, 사변, 전쟁은 모두가 일본이 동아시아 및 여러 동남아시아, 남양제도 지역을 약탈하고 지배하려 한, 피고들의 공동모의에 의거한 침략전쟁이었고, 일본이 중국을 침략하기 위해 태평양전쟁에 돌입했다는 역사관.
26 역사소설가 시바 료타로(司馬遼太郎, 1923~1996)의 일련의 작품에 나타나는 역사관. 합리주의 중시를 전제로 메이지기의 전쟁을 긍정적으로 묘사하면서 쇼와기의 전쟁을 부정적으로 묘사.

그전에 존재하고 있는 것은 영토와 주권 그리고 국가로서의 독립 상실이다. 바야흐로 일본인이 오해하고 있는 '역사인식'이야말로 미사일이나 핵무기보다도 훨씬 무서운 위협을 일본에 주고 있다는 것을 알아야 한다. 일본인이 조급하게 본래의 독립주권국가로서의 역사관을 재건하지 않으면 눈앞에 국가의 존립이 위험해진다. 바야흐로 우리 개개인의 역사관이야말로 이 '역사전쟁'에서 안전을 보장해주는 최후의 보루인 것이다.

시기적으로도 또한 이 논고가 「강한 일본을 향해—안녕 '마음 속의 전후 체제(Regime)'」라는 타이틀의 특집 필두에 게재된 그림 1-3을 보더라도, 제2차 아베 내각의 탄생을 즈음해서 우파논단이 다시금 역사인식 문제를 가지고 대공세를 가하려고 한다는 것을 알 수 있다. 이후 『정론』은 때때로 특집으로 '역사전'을 취급하게 된다. 관련된 특집·총력특집 제목을 열거해보면 '역사전'을 강조하는 키워드가 눈에 띈다.

2013년 5월호 「**역사전쟁에 승리한다!**」
2013년 8월호 「**'위안부' 포위망**을 돌파하라」
2013년 10월호 「한국에 쓸 약은 있는가」

2013년 11월호 「『맨발의 겐』[27] 용서하지 않겠다!」

2013년 12월호 「**위안부 문제, 반격의 가을**」「대동아(大東亞 태평양)회의 70년째 진실」

2014년 1월호 「조선통치·**위안부** 일본의 명예와 진실 투쟁」

2014년 2월호 「심판받은 반일동물원 NHK 'JAPAN 데뷔' 소송」「'**일본의 역사**' 복권의 막을 올려라」

2014년 4월호 「격화되는 **역사전쟁**에 대항하자」「'패전 후 탈각(脫却)'의 정신사적 탐구」

2014년 5월호 「**위안부·역사전쟁**, 우리의 **반격**」

2014년 6월호 「**역사전쟁**, 승리를 향한 교두보」

2014년 7월호 「한국·중국에 대한 **반전대공세**(反轉大攻勢)」

2014년 8월호 「**역사전쟁, 반격**을 늦추지 말라」「일본을 곤경에 빠뜨려 만족하는가! 아사히신문에게 레드카드」

2014년 9월호 「**고노 담화** 검증과 한국인 미군위안부」

---

27 나카자와 게이지(中沢啓治, 1939~2012) 작품. 작가 자신의 원폭체험을 토대로 한 자전적 만화. 전쟁 중, 패전 후의 격동 시대를 필사적으로 살아가려는 주인공 겐의 모습을 그리고 있다.

여기서 2014년 8월 5일, 6일자『아사히신문』의 과거 '위안부' 보도검증 특집 게재와, 일부 기사 철회가 단행되었다. 그 이후의 우파 미디어의『아사히신문』비난은 독자들 기억에 새롭게 비쳐질 것으로 생각되지만, 이에 앞서 1년 반, 특히 2013년 후반부터는 거의 매월 호 '역사전' 관련 특집이 편집되어 있었다. 거기에다『산케이신문』도 2014년 4월부터 '역사전'이라는 타이틀의 특집을 시리즈로 연재하기 시작했다. 우파논단 측에서 보면 만반의 준비를 하고 노리고 있던 참에『아사히신문』이 뛰어들어온 것이다. '역사전'이란 용어조차 쓸 수 없었는데, 같은 때『Will』도 2014년 5월호「고노 담화에 분노의 철퇴!」, 6월호「반일 포위망과 이렇게 싸워라!」등의 특집을 짜고 있었다.

『아사히신문』비난부터 본서 집필 시점까지의 특집에 대해서도 살펴보겠다.

2014년 10월호「아사히신문 불타다」
2014년 11월호「타락하고 또 반일, 아사히신문」
2014년 12월호「발굴특집! 군(軍)·관(官) 40인이 남긴 오명(汚名)의 반론」「구제불능의 아사히신문의 무책임」

2015년 2월호「아사히신문을 추격(追擊)하다」「패전 후 70년 불을 뿜는 **역사전쟁**」

2015년 3월호「패전 후 70년과 아사히·**위안부 문제**」

2015년 4월호「아사히신문, 반일은 건재하다」「아시아는 잊지 않는다. 전후 70년 태평양 전쟁 긍정론」

2015년 5월호「패전 후에 종지부를」「**역사전쟁·위안부전선**의 현재」

2015년 9월호「세계유산 — '강제'에 기세등등한 한국, 어이없이 속은 일본」「종전(終戰) 70년 **역사의 복권**은 이제부터다」

2015년 10월호「아베 담화와 **역사 부흥**의 길」

2015년 11월호「한·중 반일감정에 오염된 세계유산」

2015년 12월호「**난징**'과 타락한 유네스코·UN」

2016년 3월호「'**위안부**'전(戰), 아직도 멈추지 않는다」

2016년 3월호『별책 정론』 26호「**대학살**'은 장개석(蔣介石)과 중공의 '국공합작(國共合作)' **난징**'참살 — 거짓과 실상을 밝힌다」

이상은 어디까지나 '역사전' 관련 특집, 총력 특집이 짜여진 호에 지나지 않으며, 이외의 호에도 관련된 콘텐츠가 실려 있다. 2016년 2월호를 예로 든다면, 「'난징대학살' 논쟁의 최근 쟁점」(후지오카 노부카쓰), 「샌프란시스코 중화거리에 신설된 '항일전쟁기념관' 취재 보고」(미즈시마 사토루[水島総]), 「역사전쟁, 본격화되는 미일 위안부 논쟁」(야마시타 에이지[山下英治]), 「『대담』 한국·오키나와·미디어…반일 측 여러분 덤벼봐!」(켄트 길버트[Kent Sidney Gilbert]/이노우에 가즈히코[井上和彦]) 정도다.

허구의 '역사전'

여기까지 우파논단에 있어서 '역사전'이라는 발상이 등장할 때까지 경위를 살펴봤다. 마지막으로 그 '역사전'의 특징과 문제점을 살펴보도록 하겠다.

압도적인 물량작전

앞서 소개한 2013년부터의 '역사전' 특집시리즈를 살펴보면, 『정론』 등의 우파 미디어가 일본군 '위안부' 문제를 취급하는 빈도는 다른 미디어를 압도한다. 내용면에서 말하면 보람 없는 부정론이 반복될 뿐인데, 앞서 나온 '나가노 발언과 국제감각'이 말한, "목소리가 큰 쪽이 이긴다"를 실제로 행동으로 옮기고 있다. 아카데미즘이나 통상적인 저널리즘은 '신규성(新規性)'이라는 가치에 구속되어 있다. 이미 인식하고 있는 문제를 취급하는 것은 뭔가 새로운 자료나 시점이 얻어질 때에 한하며, 같은 내용을 반복하는 것은 기피하게 된다. 그런데 '역사전'의 시점에서는 신규성에 그다지 높은 가치를 부여하지 않는다. 그 결과로 우파 미디어와 그 외의 미디어 사이에 일본군 '위안부' 문제를 둘러싼 정보 발신 양의 현저한 비대칭성이 나타나, 시민들은 부정론에 익숙해져버린다. 역사수정주의적인 주장이 이 사회에 침투해 있는 커다란 요인 중에 하나일 것이다. 또 '반일'이라는 개념은 역사수정주의를 전제로 한국이나 중국, 나아가 일본 좌파의 행동을 해석하는 기본 틀인데, 이미 일본 미디어에서도 당연한 듯이 사용하게 되었다는 점도 유의하지 않으면 안 된다.

피해자 의식

우파에 의하면, '역사전'은 상대방이 건 싸움이다. 우파 논단지 특집 타이틀이나 논제에 '반격' '포위망'이나 그와 유사한 단어가 자주 등장하고 있는 것은 이러한 인식을 반영한 것이다. "한국과 중국의 대일(對日) 역사공격이 점점 격해지고 있다" "일본은 그야말로 '역사전'에 말려들었다고 할 수 있습니다"와 같은 표현도 같은 맥락이다. 어쨌든 '위안부' 문제에 대한(난징대학살에 대해서도) 인식이 국제사회의 그것과는 180도 다르기 때문에 일본정부의 책임을 추궁하고, 또 해결을 위한 노력을 촉구하는 운동은 필연적으로 사악한 의도, 누군가의 '모략'에서 시작된 것으로 해석되어버린다. 또 이와 같은 피해의식이 한국·중국이라는 '적(敵)'과, '내부의 적(敵)'인 『아사히신문』, 그리고 시민운동에 대한 공격적인 태도를 조장하고 있다.

문자 그 자체의 '전쟁'

우파에 있어서 '역사전'은 단순한 비유가 아니다. '자학사관'은 그들에 있어서는 일본을 정신적으로도, 군사적으로도 '무장해제'시키기 위한 덫인 것이다. '역사전'은 독도(일본에서는 '다케시마'로 칭함)나 센카쿠 열도 영유권을 둘러싼 분쟁과도 연결되어 있다. 앞서 나온 「현대 '역사전쟁'을 위한 안전보장」에서 나카니시는 다음과 같이 말하고 있다.

국가관을 상실한 현재 일본의 재건을 위해서는 무엇

보다도 우선 고도성장기 이후 단절되어버린 민족 역사의 연속성의 회복이 요구된다. 그리고 '역사의 회복'이 이제야 독도나 센카쿠 열도를 둘러싼 한국과 중국의 역사문제를 이용한 대일공세로 인해 매우 절박한 과제가 되었다. 이 중대한 부호(符號)에 이제는 눈을 떠야 한다. 단적인 표현을 한다면, 서둘러 일본의 역사관을 회복시키지 않으면 센카쿠는 중국에 침략당하고 독도는 한국에게 앞으로 영원히 불법 점령당하고 말 것이다.

『정론』2013년 5월호 게재 대담 「반일 국제네트워크의 새로운 책모(策謀)」(니시오카 쓰토무[西岡力][28]·에자키 미치오[江崎道朗])[29]에서 니시오카의 다음 발언도 같은 인식을 보여주고 있다.

니시오카: 에자키 씨가 작년 12월에 간행된 『코민테른과 루즈벨트의 시한폭탄』(덴덴샤 展転社)에는 그 '역사전쟁'이 왜 일어난 걸까, 일본은 어떤 식으로 '역사전쟁'이라는 도전을 받게 되었는가를 고찰하면서 중요한 지

---

28 현대 조선연구자. 북한에 납치된 일본인을 구출하기 위한 전국협의회 회장.
29 평론가. 안전보장, 근현대사 전문가.

적을 하고 있습니다.

단적으로 말하면 중국공산당이 1990년대 초 국내에서 반일교육을 철저히 시행하도록 결정함과 동시에, 난징사건과 위안부 문제를 재료로, "일본이 세계대전 때 대량학살을 자행했다"는 반일 국제캠페인을 추진하기로 했다. 그리고 일본의 전쟁책임을 추궁하는 미국, 캐나다, 홍콩을 중심으로 전 세계 한국계, 중국계, 일본계 단체가 결집하여 〈세계항일전쟁사실유호연합회(世界抗日戰争史実維護連合会)〉를 1994년에 결성, 국제적인 반일 네트워크를 조직했다. 일본이 그 후 난징사건과 위안부 문제로 세계 여러 나라로부터 비난을 받아왔던 배경에는, 이러한 중국공산당의 국제적인 반일모략이 존재한다는 것입니다. 독도나 센카쿠라는 영토문제, 안전보장문제에 역사문제가 관련되어 있는 현 상황에, 이 중국공산당의 국제모략에 새삼 주목해야 한다고 생각하여 오늘 대담을 부탁드렸습니다.

이 같은 발상은 '정보전'기(期)에도 이미 있었다. 앞서 소개한 「영화《난징의 진실》」 제작에서 보아온 정보전의 진실」에서, 미즈시마 사토루(水島総)는 당시 여러 편 기획되고 있던 난징사건을 모티브로 한 영화에 대해 다음과 같이 말하고 있다.

즉 나의 판단으로는 이번 영화를 통한 난징대학살 캠페인은, 종래의 반일 캠페인과는 달리 양과 질 면에서 위험한 형태로 본질을 왜곡하여, '대일 부분전쟁의 준비'로서 실행되고 있다. 또 그렇게 생각해야 한다. 자칫 오해하면 곤란하지만, 전면전쟁이라 말하고 있는 것이 아니다. 지역분쟁을 가장하여 어디까지나 자국의 핵미사일 시스템으로 협박의 배경으로 삼는 부분적인 '전쟁'이다. 이것은 결코 과장된 억측이 아니다. 그러한 의미에서도 이 난징학살 캠페인에 대항하는 영화《난징의 진실》제작은, 단순히 중국의 문화전략과 정보전에 대항하는 것뿐만 아니라, 우리나라의 방위·안전보장의 한 부분을 맡고 있는 것이라고 생각한다. (후략)

이러한 안전보장문제와의 연결은 주관적으로는 그들이 '역사전'에 주력하는 동기를 만들어주었고, 객관적으로는 우파의 역사수정주의적인 주장, 또 그 주장이 일본정부의 태도에 영향을 끼쳤다. 이는 새로운 대일비난을 초래했고 그런 의미에서 자업자득이라 할 수 있다.

본질주의적 민족관

이른바 '역사인식' 문제에서 제기되고 있는 것은, 제1은 과거 일본군과 일본제국의 책임이며, 제2는 과거의 침략전쟁, 식민지지배, 전쟁범죄, 국가범죄에 대한 현재의 일본정부의 태도인데, '역사전'이 지키려는 것은 단지 민족의 명예다.

이때, 특히 주의해야 할 것은, 한국 나아가 중국도, 일본에 의한 '위안부강제연행'이나 '난징대학살'은 나치스의 '홀로코스트'에 필적하는 인류악의 범죄였다고 선전하기 시작한 것이다. 만약 이것이 '진실'로 정착된다면, 일본이라는 국가와 일본인은 앞으로 영원히 '범죄국가' '범죄민족'의 불명예를 떠안게 된다. 그야말로 국가 존망이 달린 사태가 될 수 있다.

국제사회는 독일을 영원한 '범죄국가'로 취급하고, 독일민족을 '범죄민족'으로 취급하려고 하고 있는가? 일본의 우파는 독일인을 '범죄민족'이라고 생각하고 있는가? 홀로코스트의 부정(否定)을 범죄시하고 있는 독일이, 그것에 의해 '국가존망이 달린 사태'를 맞이하고 있다고 생각하고 있지 않는데, 왜 일본은 그와 같은 위기에 처해진다고 생각하는 걸까?

『정론』2013년 8월호 게재 「역사전쟁을 향한 우리의 일격」에서 중의원 의원인 니시무라 신고(西村眞悟)의 "우리 국민을, 오명을 쓰고 대대손손 기죽어 살게 하려는 모략이 성공하고 있다" "정신적으로 왜곡당한 우리의 자손들은, 자신들에게도 그 더럽혀진 일본인의 피가 흐르고 있는 것을 혐오한다"와 같은 발언에도 똑같은 발상이 나타나 있다. 그들이 전제로 하고 있는 것은 "어느 민족이 대학살 등의 잔학행위를 저질렀다 한다면, 그 원인은 변하지 않는 국민성에 있다"는 민족관이다. 이 같은 발상을 국제사회에 투영시키고 있기 때문에, "위안부 강제연행이나 난징대학살을 부정하지 않으면 일본인은 학살민족, 강간민족 취급을 받게 된다"고 생각하는 것이다.

이 같은 민족관은 역사수정주의적 주장의 논거로도 등장한다. 앞서 나온 「대 'Rape of Nankin' 10년 전쟁의 교훈」에서 후지오카 노부카쓰는 아이리스 장이 기술한 일본군의 만행을 인용하면서 "물론 이러한 만행은 일본인의 관습에도 없을뿐더러 일본인에게는 생각할 수도 없는 행위라는 것을 독자는 바로 이해할 것이다" "만행은 오로지 중국인의 속성·문화를 반영한 것이고, 그러한 부정적 속성을 일본인에게 투영시키고 있는 것이다"고 적시하고 있다. 후지오카는 1999년 〈편찬하는 모임〉의 심포지엄에서도 "농경민족인 일본인에게는 상상할 수 없다"는 표현을 쓰고 있다. 그 밖에 "'거짓말도 100번 하면 진실이 된다'가 그들의 문화니까"와 같은 표현은 난징사건 부정론에 자주 등장하는 클리셰(cliché)[30]다. 역사수정주의와 레이시즘(racism)의 친화성, 역사수정주의와 레이시즘이 서로 강화시키는 관계가 여기에 나타나고 있다.

승리의 확신이 낳은 초조함

마지막으로 지적하고 싶은 것은, 우파논단이 일본군 '위안부' 문제, 난징대학살을 둘러싼 국내의 논쟁에는 완승하고 있다고 확신하고 있는 점이다. 2014년 『아사히신문』 일부 기사 철회는 그러한 확신을 더욱 견고하게 하는 계기가 되긴 했지만, '승리선언'은 그전부터 자주 하고 있다. 예를 들면 "국내에서의 논쟁은 우리의 승리로 끝났다" "일본에서는 사실관계가 밝혀져 모두 결론이 난 일입니다" "종군위안부 문제에 대해서는 내용에 있어서는 거의 결론이 났습니다"라고 말할 정도다. '위안부' 문제를 한일문제로 파악하고, 동시에 '강제연행 = 물리적 내지 법

---

30 흔하디흔한 상투적인 말.

적인 강제력을 동반한 연행'의 유무야말로 문제의 핵심
이라 생각하는 우파에 있어서는, 「요시다 세이지(吉田清治)
증언」[31]의 신빙성이 부정되었고, '위안부'는 '여자근로정
신대'로 동원되지 않았다는 것이 널리 알려진 시점에서
'승리했다'고 생각하게 된 것이다.

　난징사건에 대해서도 마찬가지로 "'난징대학살' 문제
도 '없었다'는 것은 일본에서는 대체로 종결된 상태이며
아사히신문조차도 이 문제를 취급하지 않게 되었습니다"
는 식이다. 후지오카 노부카쓰의 다음의 1절은 이 두 가
지 문제를 둘러싼 인식을 단적으로 표현하고 있다고 할
수 있다.

　　반일 프로파간다의 2대 테마인 '위안부'와 '난징' 문
　　제의 경과를 더듬어보면 양자의 공통점이 너무 많아 놀
　　랄 정도다.
　　　첫째, 양쪽 다 일본 국내 좌익에 의해 살이 붙여지고
　　날조되었다.

31　문필가. 1980년대에 태평양전쟁 중, 군 명령으로 조선인 여성을 강
　제연행(위안부 사냥)하여 일본군 위안부로 보냈다고 자신의 저서에 기
　술. 이것이 미디어 특히 아사히신문 보도로 국제문제로 발전하여 이른바
　종군위안부 문제 조성의 커다란 계기가 되었다.

둘째, 1990년 후반 이후 이 두 테마에 관해서도 좌익 측은 분명히 국내에서는 열세에 있었다.

셋째, 그런데 오늘날에는 두 테마가 모두 미국을 선전 타깃으로 하는 것에 편승하여 그것이 성공하고 있는 점이다. 그것이 가능하게 된 비밀은, 이미 보아왔듯이 미일 간의 정보의 차이를 이용한 것에 있다.

넷째, 양쪽의 선전 배후에도 중국의 그림자가 드리워져 있어, 다섯째, 사실관계에 관련된 반론과 설명을 하지 않고, 일본이 이미 사죄하고 있는 것만을 부각·강조하여 사실무근의 거짓을 인정해온 외무성의 행동 패턴이야말로 일본의 국익을 훼손하는 쪽으로 사태를 악화시켰다.

이 유래없는 국가 위기라 해야 할 사태에, 정부는 의연하게 소리를 높여야 한다. 일본과 일본인에 대한 이유 없는 불공평한 중상모략에 침묵하는 것은 일본국가의 자살행위임을 명심했으면 한다.

앞서 말했듯이 이 같은 승리의 확신이야말로 그들에 있어서는 초조의 원인이 된다. '위안부'도 '난징'도 '날조'인 것은 그들에게는 자명한 일이기 때문에, 일본에 대한 비난이나 항의가 멈추지 않는 것은 일본정부가 자신들의 주장을 국제사회에 전달하지 않기 때문이라고 그들은 생각하고 있다. 실제로는 그들의 주장 그 자체가 거부되고, 새로운 비난을 불러일으키고 있음에도 불구하고. 일본정부가 우파논단의 기대에 부응하여 '의연하게 목소리 높이'면 높일수록 국제사회의 반응은 그들의 예상을 배신하게 된다. 그러면 그들은 '아직 역사전의 노력이 부족하다'고 생각한다.

일본군 '위안부' 문제 부정론(否認論), 난징대학살 부정론은 아베정권의 중심 지지층, 또 아베 총리의 영향을 받은 사람들 사이에 깊게 뿌리를 내리고 있다. 이 같은 악순환을 멈추는 것은 용이한 일이 아니다. 그러나 '역사전' 캠페인이 계속되는 한(우파의 주관적 인식에 반하여) 일본의 국익이 계속 훼손될 뿐만 아니라, 전쟁과 식민지지배 피해자들의 존엄은 계속 짓밟히게 되는 것이다.

2016년에 들어서 보수·우파계 논단지의 중심 토픽은 헌법, 동아시아 군사적 긴장, 미국 트럼프 신정권으로 등으로 바뀌어, 적지 않게 '역사전'이 특집테마가 되었다.

한편으로, 2014년 4월에 시작한 『산케이신문』의 '역사전' 시리즈는 이 추가 글을 집필하는 시점에서 아직도 계속 진행되고 있다. 2014년 4월 1일부터 2017년 8월 15일까지, 연재(제1부~제18부)와 단독기사를 합쳐 236편이 게재(도쿄 본사판)된 이 시리즈는, 처음에는 일본군 '위안부' 문제를 공격 대상으로 하고 있었는데, 그 후로는 테마를 다양하게 다루고 있다. '역사전' 연재가 이 수개월 동안 힘을 쏟고 있는 테마에, 미국의 '위안부' 추모비 건립과 '징용자' 문제가 보태진다. 예를 들면 2017년 7월 27일 조간기사 「'군함도(軍艦島)', 반일광고에 왜곡, 사진은 다른 탄광의 일본인」은, 영화《군함도》프로모션을 목적으로 뉴욕 시에서 선보인 광고 사진에 실수(군함도와 관계없는 사진을 잘못 사용)가 있었다는 점, 광고제작에 관여한 한국의 대학교수가 실수를 인정한 사실을 선정적으로 전하고 있다.

사진은 구체적인 이미지를 환기시키기 때문에 역사교육 등에서 즐겨 사용되는데, 이 같이 사진을 오용(誤用)하는 경우는 적지 않다. 오래된 사진에서는 사진에 찍힌 인물·물체나 촬영 일시 등의 정보가 모호하기 때문이다. 사진의 오용에 대한 공격은 역사수정주의자들의 상투 수단의 하나다.

제2장

───

미국 '위안부' 추모비 설치에 대한 공격

고야마 미에(小山エミ)

일본계 미국인이 '위안부' 추모비에 반대하고 있다는 오보(誤報)

필자가 최근 수년간 '위안부' 문제를 다루게 된 경위부터 설명하겠다.

나는 일본 출신으로, 10대 때부터 20년 이상 미국에 살고 있다. 대학 재학 시 여성학을 공부하고 지방 성폭력 피해자 지원센터에서 자원봉사로 활동했던 것을 계기로, 이후 줄곧 성폭력과 가정폭력 문제에 관련된 일을 하고 있다. 또, LGBT운동[1]과 장애자운동, 반인종 차별, 탈식민지화주의, 성노동자운동 등 여러 활동에도 참여하고 있다.

---

1 Lesbian Gay Bisexual Transgender(레즈비언, 게이, 양성애자, 트렌스젠더) 권익 보호운동.

이러한 경험과 관심을 가진 나는 자신의 뿌리인 일본이 과거에 저지른 식민지주의와, 조직적 성폭력의 상징이며, 현재 일본이 아직도 피해자와 진지하게 마주하고 있지 않는 일본군 '위안부' 문제가, 마음 한 구석에 항상 응어리로 남아 있었다. 그러나, 내 주위에 '위안부' 문제에 대해 진지하게 생각하는 사람은 없었고, 미국에 살고 있는 나로서는 쉽게 접할 문제도 아니었기 때문에, 일본이나 아시아 여러 나라에서 '위안부' 문제활동을 하는 사람들에게 경의를 표하면서도 나 자신은 그 문제를 적극적으로 생각하지는 않았다.

그것이 일변한 것은, 캘리포니아 주 글렌데일(Glendale)시에서 제안한 '위안부' 추모비 설치를 둘러싸고, 로스앤젤레스 주변에 살고 있는 보수계 재미일본인들이 시청으로 대거 몰려가 "'위안부' 문제는 거짓이다" "'위안부' 추모비 설치는 일본인에 대한 이지메와 혐오범죄(hate crime)를 유발한다"고 반대운동을 전개한 일에서다. 게다가 운동을 한 자는 일본계 미국인이 아니라 재미일본인 중 극히 일부였음에도 불구하고, 일본 미디어와 현지 영어 미디어는 "일본계 미국인이 반대운동을 일으키고 있다"고 일제히 보도했다. 나는 그때까지 일본 국내에서 '위안부'

부정론이 난무하고 있다는 것은 알고 있었지만, 그것이 바다를 건너 미국에서 일어나리라고는 예상도 못했다. 바다 건너에서 일어나고 있는 이른바 남의 일이라고 생각하던 일이 나의 생활권을 침식하기 시작한 것이다.

로스앤젤레스에서 '위안부' 추모비 반대운동의 중심적 역할을 하고 있는 메라 고이치(目良浩一)에 의하면, 그가 로스앤젤레스에 거주하는 일본인들을 대상으로 역사 공부모임의 일환으로 만든 〈일본재생연구회〉를 발족시킨 것은 2006년이다. 그의 저서 『맥아더의 저주에서 깨어나라, 일본인!』[2]에 의하면, 그에게 모인 참가자 대부분은 1980년대 후반부터 1990년대 초반 이른바 버블경제기 이후에 미국으로 건너간 '신일세(新一世)'라 불리는 자들이고 미국에서 태어난 일본계 미국인이 아니다. 메라 자신도 패전하기 전인 1933년에 조선 경성(京城, 지금의 서울)시에서 태어나 패전 후에 미국으로 이주한 '신일세'의 한 사람이며, 현재 '위안부' 추모비에 반대하는 운동을 전개하고 있는 사람들 대다수도 같은 '신일세'다.

"일본계 미국인이 '위안부' 추모비에 반대하고 있다"는 미일 미디어의 보도를 읽은 나는, 바로 지인을 통해 수소

2 메라 고이치·이마모리 사다오(今森貞夫)·이노우에 야스오(井上雍雄) 공저.

그림 2-1
캘리포니아 주 글렌데일에 설치된 '위안부' 추모비

문하여 현지 일본계 미국인단체 관계자들에게 연락을 취했다. 거기서 내가 알게 된 것은, 현지 일본인들도 '위안부' 추모비를 둘러싼 소동은, 현지 보도에 의해 그것을 읽을 때까지는 그 사실을 전혀 몰랐고, 청천벽력과 같은 충격이었다는 것이다. 그러나 보도에 의해 반대운동이 일어나고 있다는 사실, 그리고 그 사실이 '일본계 미국인이 일으킨 운동'이라고 잘못 인식되고 있는 점을 알게 된 현지 일본계 미국인단체는, 추모비 건립을 추진하던 한국계 미국인 단체와 연대를 표명하고, 추모비 제막식에는 일본계 미국인단체인 〈시민권과 명예회복을 추구하는 일본계 미국인 모임〉(NCRR)과 〈일본계 미국인 시민연합〉(JACL) 현지 지부 사람들이 적극 참여했다. 또 후에, 메라를 비롯한 보수 일본인들이 글렌데일 시에 소송을 제기했을 때에는, 캘리포니아 주 일본계 미국인 변호사회와 한국계 미국인 변호사회가 글렌데일 시 측을 지지하는 공동성명을 내놓았다.

NCRR은 제2차 세계대전 중의 일본인 수용정책에 관해서 미국정부의 사죄와 보상을 요구하기 위해 1980년에 설립된 단체다. 1988년에 미국정부가 그 요구를 받아들이고 나서도, 미국과 일본에서 민속적 마이너리티(minority, 소수집단)[3]의 권리와 인권침해 시정을 추진하는 활동을 하고 있다. 예를 들면 2001년에 미국에서 발생한 동시다발 테러를 계기로 미국 내의 이슬람교도와 아랍계 미국인에 대한 박해가 시작되었을 때에는, 일찍이 유사한 박해를 경험한 일본인들은 앞장서 그들에 대한 지원을 표명했다. '위안부' 추모비 제막식에 초대받은 같은 단체 공동대표 캐시 마사오카(Kathy Masaoka)는 연설에서, 미국정부에 의한 공식 사죄와 개인배상이 강제수용소 정책의 피해를 받은 일본인들에게 있어 얼마나 큰 의미를 갖는가를 적시한 후, 일본정부가 과거 '위안부'에 대해 보다 분명한 사죄와 개인배상을 하도록 촉구했다.

또 현지에서 알게 된 한 일본인 여성(JACL 멤버)은, 부모가 전쟁 때 수용소에 강제로 입소했는데, 1980년대에 들어 일본인 수용문제가 미디어에서 화제가 되었을 때까지 부모에게서 수용소 경험에 대해 한 마디도 듣지 못했다고 말해주었다. "만약 '위안부' 제도가 대규모 인권 침해였다고 한다면, 1990년대에 들어 갑자기 국제문제로 부상한 것은 부자연스럽지 않은가"라고 주장하는 보수계 일본인의 의견에 대해, 수용소에 구속되었던 경험을 그녀의 부모는 수십 년 동안이나 수치심 때문에 침묵할 수밖에 없었다는 것을 고려했을 때, '위안부'였던 여성들이 더

3 사회적 소수자, 소수민족.

욱 침묵할 수밖에 없었다는 것은 전혀 부자연스러운 일이 아니라고 그녀는 말했다.

애초 미국에서 미일 전쟁과 함께 일본인 수용소정책이 시행된 배경에는, 미국에 거주하는 일본인은 당시 일본제국 및 일본군의 앞잡이고, 미국 국적이 있어도 신뢰할 수 없다는 인종적 편견이 있었다. 패전 후 조사에 의해 아무런 근거가 없는 편견으로 결론이 났지만, 그로부터 수십 년이 지난 지금도 미국에 대한 충성심을 의심받는 일이 일본인에게는 역사적 트라우마가 되고 있다. 나중에 미국으로 오게 된 보수계 일본인들이 그러한 사정도 이해하지 못하면서 '일본계 미국인'의 대표인 것처럼 행동하며 일본제국을 옹호하는 운동을 개시한 것에, 일본계 미국인들이 반발하는 것은 당연한 일이었다.

실체가 없는 '일본인 이지메'

글렌데일 시의 '위안부' 추모비에 대해 보도하고 있는 일본의 보수 미디어와 보수 정치인은, '위안부' 추모비가 건립되고 나서 글렌데일 시의 일본계 미국인과 일본인 어린이에 대한 이지메와 혐오범죄 등이 빈발하고 있다고 주장하고 있다. 예를 들면, '위안부' 소녀상 설치에 항의하는 전국 지방의원 모임을 이끌고 현지에서 항의활동을 했던 모임 대표 마쓰우라 요시코(松浦芳子, 도쿄 스기나미 구의원)는 다음과 같이 전하고 있다.

글렌데일 시에서는 위안부 소녀상 설치 후부터 급격히 한국계 주민의 재류 일본인에 대한 괴롭힘이 급증했다. (중략) 그만큼 괴롭힘은 악질적이다. 특히 어린아이들이 타깃이 되어 한국인을 만나면, "일본은 한국인을 성노예로 만든 비열한 나라다"며 침을 뱉는다고…. 그것이 매일 반복되고 있으며, "나에게는 더러운 일본인 피가 흐르고 있다"고 하며 책상에 머리를 내려치는 아이도 있다고 합니다.

또, 캘리포니아 주 산호세(San José)에서 취재한 보수파 해설자 아오야마 시게하루(青山繁晴, 자민당 참의원)는, 간사이(関西)방송《슈퍼 뉴스앵커》(2014년 5월 21일 방송)에서 이렇게 주장했다.

한중 반일공작이라는 것은 예를 들면 캘리포니아 주에 거짓의 소녀상, 이른바 위안부 문제에 얽혀, 실제로 없었던 소녀를 전혀 관계가 없는 미국에 세운다는 사실, 이미 다 아시리라 생각합니다만, 그런데 현지에 가보면 그건 고사하고 일본인 아이들이 매일매일 심하게 괴롭힘을 당하고 있어 (중략) 침을 뱉는다든가, 때리기도 하는 사례를 포함한, 구체적인 이지메를 당하고 있는데도, 그런데 그 일본인이 소수파이기 때문에 아이들도, 부모도, 명확히 피해를 호소할 수가 없다고.

마찬가지로 일본인이 이지메를 당하고 있다는 주장을 다룬 『주간신초(週刊新潮)』 2014년 3월 6일호 기사 「라면에 침! 위안부 소녀상 '글렌데일 시에서' 한국인의 일본인 이지메」는 "압도적 다수의 한국계 주민에 의해 가혹한 일본인 이지메"가 자행되고 있다고 언급했다. 또 『주간 SPA!』 2014년 5월 13일호에는 「'위안부' 소녀상 설치 미국 글렌데일에서 일어나고 있는 처절한 '일본인 이지메'」라는 표제가 실려 있다.

만화에서도 『만화대혐한류(漫畵大嫌韓流)』[4]에는 "현재 대부분의 재미일본인이 부당한 괴롭힘을 당하고 있고 지역사회에서도 고립되고 있습니다" "일본인은 강간범죄자

4 야마노 샤린(山野車輪) 신유사무크(晋遊舍ムック) 2015년.

취급을 당하고 있고, 한국인뿐만 아니라 많은 미국인한테도 무시당하게 되었습니다"라고 쓰여 있다. 또 〈재일특권(在日特權)을 허용하지 않는 시민 모임〉(재특회[在特会])의 당시 회장이었던 사쿠라이 마코토(桜井誠)가 극찬한 『일장기 가두시위 여자(日の丸街宣女子)』[5]에는, 글렌데일 고교에 다니는 일본인 학생의 사물함이 망가지고 '강간자의 자식'이라는 메모와 함께 학생 사진이 붙어 있고, 한국인 클래스메이트가 갑자기 머리를 잡아 책상에 내려치고는 얼굴에 침을 뱉는 묘사와 함께, "유사한 사건은 글렌데일에서 여러 번 일어나고 있다"고 쓰여 있다.

이러한 '일본인 이지메'에 대해 현지 일본인단체에 물어보았으나, 그와 같은 소문을 들은 적 없다는 대답이었다. 그렇다고는 하나, 만약 사실이라면 보통 심각한 문제가 아니어서 조사가 필요하다고 생각하여 일본인단체 사람들과 협력하여 현지 경찰·학교·교육위원회 그리고 그 밖의 여러 기관과 민간단체에 확인해보았으나, 역시 어떤 상담이나 통보가 없었다는 대답이었다. 조사를 하는 동안 현지의 지방지와 전국지, 나아가 일본의 주요 매스컴 기자들과 이야기할 기회가 있었는데, '일본인 이지메'가 광

---

5   도미타 아키코(富田安紀子) 세이린도(青林堂) 2015년.

범위하게 일어나고 있다는 근거를 찾을 수 없었다(예를 들면 일본외국특파원협회기관지 『넘버1신문』 2001년 9월 30일 기사). 『도쿄신문』이 외무성에도 조회해보았으나 결과는 같았다(2001년 8월 29일 기사).

'일본인 이지메'의 실태는, 실제로 있었다고 주장하는 보수파 측에서조차도 파악 못하고 있다. 예를 들면, 일본에서 스기타 미오(杉田水脈)를 비롯한 차세대당(당시) 국회의원 3명이 글렌데일 시를 방문하여 이지메 피해를 입은 아동 보호자와의 면담을 희망했으나, 결국 대상자를 찾지 못해 면담할 수가 없었다. 나중에 언급하겠지만, 메라(目良)그룹이 글렌데일 시를 상대로 제소한 재판에서 원고측은 '추모비 설치에 의한 실제 피해'때문에 "추모비가 설치된 공원을 심정적으로 이용하기 힘들었다" 정도밖에 주장하지 않았고, 이지메나 혐오범죄에 대해서는 한 번도 진술하지 않았다.

물론 상담이나 통보가 없다고 해서 이지메가 전혀 없었다는 증거는 될 수 없다. 사실, 이지메 피해를 입었으면서 아무에게도 상담할 수 없어 울며 참고 지낸 경험이 있는 사람도 많을 것이다. 그러나 마쓰우라나 아오야마가 주장하는, 혹은 『대혐한류』나 『일장기 가두시위 여자』가 묘사하는, '위안부' 추모비를 구실 삼아 일본인만을 표적

으로 한 광범위하고 일상적인 이지메나 혐오범죄가 만연
하다는 것은, 객관적인 상황에서 생각하건대 있을 수 없
는 일이다. 오히려 그러한 선동(악선전)이야말로 관동대지
진 때 조선인에 대한 집단적 폭력으로 발전한, '조선인이
우물에 독을 풀고 있다, 폭동을 일으키고 있다'와 같은 차
별적 선동을 연상시킨다.

'위안부' 추모비 철거를 요구하는 소송의 내용과 결과

2014년 2월, 메라그룹이 글렌데일 시에 설치된 '위안
부' 추모비의 철거를 요구하며 로스앤젤레스 연방지방법
원에 제소하기 2주 전에 설립한 단체가 〈역사의 진실을
묻는 세계연합회〉(GAHT)다. 이 과장된 이름은 아마도 중
국계 미국인을 중심으로 일본 전쟁범죄 책임을 추궁하
는 단체 〈세계항일전쟁사실유호연합회〉의 패러디일 것이
다. 메라가 어느 시점에서 일본 국내 우파와 유대를 갖게
되었는가는 확실하지는 않지만, 일본재생연구회 이후 메
라그룹에 가세하여, 후지오카 노부카쓰(편찬하는 모임 이사·
전 회장), 야마모토 유미코(山本優美子: 나데시코 액션 대표, 재특회
전 부대표·사무국장), 가세 히데아키(加瀬英明: 〈사실[史實]을 세계

에 발신하는 모임〉 대표) 등, 일본 보수논단에 잘 알려진 '위안부' 부정론자들이 GAHT 간부로 이름을 올렸다.

글렌데일 '위안부' 추모비 재판에서 메라와 GAHT가 주장하는 내용은 다음과 같다. 첫째, 글렌데일 시라는 한 자치체(自治體)가 '위안부' 문제를 거론하는 것은 미국 헌법에 있어서 연방정부만이 가지는 외교 권한을 침해한 것이라는 것. 두 번째, 글렌데일 시의회에서 추모비 설치가 의결되었을 때, 추모비와 함께 세워진 플레이트 문장에 대한 설명이 없어, 이는 캘리포니아 주 법으로 정해진 절차에 반한 것은 아닌가 하는 것이다. 일본의 지지자를 향해서는 "재판을 통해서 역사적 사실을 밝혀가겠다"고 말하면서, 소장(訴狀)에는 역사적 사실에 관한 주장은 전혀 없다. 또 전술(前述)한대로 '일본인 이지메' 등에 대한 구체적인 피해 호소도 전혀 없다.

전술한 첫째 논점에 대해 설명하면, 예를 들면 미국에서는 일부의 주가 독자적으로 비정규 이민을 단속하는 법률을 만들었는데, 헌법에 이민제도는 연방정부의 권한으로 되어 있어, 주 법은 위헌이라는 판례가 있다. 메라그룹은 글렌데일 시의 행위도 연방정부의 외교 권한을 침해하고 있어 위헌이라 주장하고 있는데, 미국에서는 자치체가 의회를 통해서 국제문제에 대해 의견을 표명하는 것은 흔히 있는 일이다. 원래 이민 단속에 대한 판결은, 주의 권력행사를 동반하는 행위에 의해 권한을 침해받은 연방정부가 주를 고소하여 재판에 회부된 것인데, 글렌데일 시를 고소한 것은 민간인이다. 법원은, 메라그룹에게는 원고로서 적격하지 않다는 판단을 내렸다. 또 두 번째는 주 법 위반에 대한 소송이므로, 연방법원이 아니라 주 법원에 제소해야 한다고 하며 기각했다.

이 판결을 받고 메라그룹은 연방 항소법원에 항소함과 동시에 주 법원에도 소송을 제기했다. 그러나 다음 해 주 법원도 원고의 청구는 "연방주의와 민주주의의 근본적인 원리에 반한다"고 하며, 아무런 정당성도 없을뿐더러 언론의 자유를 봉쇄하는 공갈소송(SLAPP)[6]이라고 하여 원고에게 피고 글렌데일 시의 재판비용 변상을 명령했다.

공갈소송은, 주로 정부나 대기업이 불리한 언론을 억제하기 위해, 입장이 약한 저널리스트나 시민단체 등을 제소하는 것을 가리킨다. 이러한 소송은 언론 봉쇄를 목적으로 하기 때문에 실제로는 법적인 정당성은 대부분 없지만, 일반적인 저널리스트나 시민단체는 재판에 대처할 자금 모금이나 서류준비 등에 쫓겨 자유로운 언론행위를

6 strategic lawsuits against public participation(환경 보호운동가에 대한 전략적 소송).

할 수 없게 된다. 캘리포니아 주 법에는 이러한 수법으로부터 언론의 자유를 지키기 위해 일정한 조건 하에서는 공갈소송으로 인정하고, 재판을 빨리 종결시킴과 동시에 공갈을 한 측에 배상금을 지불하게 하는 제도가 있다. 그러나, 이번 소송에서는 원고 측이 민간인 및 시민단체며, 피고 측이 자치체다. 보통의 경우라도 공갈소송을 인정하는 데는 조건이 까다로운데, 민간인이 자치체를 대상으로 소송을 건 재판이 공갈소송으로 인정받는 경우는 이례적이라 할 수 있다.

메라그룹은 처음, 이 재판 대리인을 세계적 거물급 국제변호사사무소에 의뢰했는데, 저명한 세계 경제지 『포브스(Forbes)』 칼럼니스트가 이 변호사사무실을 비판하는 기사를 내자 세간의 비판이 집중하여 대리인이 사임하는 소동이 벌어졌다. 메라그룹은 현재(2016년 3월 시점) 새로 인선한 변호사와 함께 연방법원·주법원에 제소하여 법적투쟁을 이어가고 있지만, 2015년 10월까지의 수지(收支) 보고에 의하면 GAHT는 누계 3억 원 이상의 적자를 내고 있다. 전쟁 전에 출생한 고령에도 불구하고 빈번히 일본으로 건너가 활동자금 모금을 하면서도 미국 각지에서 열리는 '위안부' 반대집회 강연도 계속 하고 있는 메라의 바이탈리티(vitality)만큼은 인정할 만하다.

'위안부' 반대파에 대한 반발·저항의 확대

재판투쟁과 병행하여 미국에서 메라와 일본의 보수파가 계속하고 있는 것은, 미국 각지에 살고 있는 일본인들의 조직화다. 지금까지 내가 확인한 것만으로도 로스앤젤레스 외에 샌프란시스코와 뉴욕, 샌디에이고 등지에서 여러 번 '위안부' 부정론을 주장하는 이벤트가 열리고 있다. 이벤트에 자주 등장하고 있는 자는 메라를 비롯하여 앞서 소개한 야마모토 유미코, '텍사스 아버지(Texas Daddy)'로 알려져 있는 미국인 유튜버(YouTuber) 토니 마라노(Tony Marano),[7] 마라노 일본사무국 대리인 후지키 슌이치(藤木俊一), 종교단체 '행복의 과학'계통의 〈논파(論破)프로젝트〉 대표 후지이 미쓰히코(藤井実彦) 등이다. 그 외에 글렌데일시에 항의하기 위해 방문한 전 중의원 의원 스기타 미오와, 일본회의에 깊은 유대관계를 가지고 있는 교육학자 다카하시 시로(高橋史朗), 〈일본근현대사연구회〉 사무국장 호소야 기요시(細谷淸), 〈편찬하는 모임〉의 후지오카 노부카쓰, 〈뉴욕 정론(正論)의 모임〉을 주재하는 스즈키 노리마사(鈴木規正) 등도 참가할 때도 있다. 이러한 집회의 대

7 미국의 작가·평론가. 동영상 사이트에서 평론활동 외에 잡지나 신문에도 집필활동을 하고 있다.

부분은, 행복의 과학 샌프란시스코 지부장이었던 다구치 요시아키(田口義明) 등 동 교단 직원이 회의장을 예약한 것으로 확인된다.

이러한 집회의 대부분은 일본어로 개최되고, 공지도 일본어로만 하기 때문에 일본계 미국인을 포함하여 일반 미국인들은 집회가 열리고 있는 것조차 알 수 없었다. 그러나, 2014년 말에 샌프란시스코 부근에서 열린 '위안부' 부정 이벤트 이후, 이러한 움직임에 반대하는 현지 일본인과 미국으로 이주한 재일한국인들에 의해 그 활동이 알려져, 여러 아시아인들과 아시아계 미국인그룹, 반전단체, 여성단체 등이 연대하여 '위안부' 부정론자들에 대한 항의운동이 전개되었다.

예를 들면, 샌프란시스코 부근에서 열린 야마모토·후지이 등의 강연에는, 평화단체 멤버들이 중심이 되어 그곳에서 항의활동을 펼쳤다. 항의가 있다는 정보는 인터넷을 통해 고지되어 있었기 때문에 야마모토그룹도 경계하고 있었던 것 같은데, 막상 가보니 참가자 대부분이 한국인과 중국인이 아니라 백인 미국인이었다는 것에 많이 놀랐던 것 같다. 항의에 참가한 〈반핵행동위원회〉의 스티브 젤처(Steve Zeltzer)는 필자의 취재에, "그들은 항의하러 올 사람들은 한국인일 것이라 예상하고 있었던 것 같은

데, 이 문제를 한일 간의 외교문제로만 생각하는 것은 틀린 생각이다"고 답했다.

왜 반전·반핵단체가 이 문제에 관심을 기울이는가? 이 물음에 젤처는 이렇게 대답했다. "아베정권은 미국의 도움을 받아 군국주의를 향해 걷고 있다. 과거 전쟁의 역사를 다시 쓰는 것은 새로운 전쟁을 시작하는 첫걸음이다." 또 똑같이 항의운동에 참여한 〈평화를 추구하는 퇴역군인의 모임〉의 마이클 웡(Michael Wong)은 "일본이 제2차 세계대전에서 저지른 전쟁범죄를 부인하는 것은, 그 자체가 부당할 뿐만 아니라, 아시아의 국제적 긴장감을 높이는 결과를 낳는다"고 지적하고 있다. "지금의 일본은 훌륭한 나라다. 패전 후의 일본은 전쟁을 하지 않고 번영과 지위를 획득하는 데 성공했다. 왜 군국주의가 필요한 것일까? 야마모토 씨 그룹은 자신들이 일본의 명예를 위해 싸우고 있다고 생각할지도 모르지만 그들의 행동은 모처럼 좋아진 평판을 떨어뜨릴 뿐이다."

2015년 3월에 뉴욕에서 마라노·야마모토·다카하시그룹이 단상에 오른 '위안부' 부정 이벤트는 원래 뉴욕 주재 일본인 회관에서 개최가 예정되어 있었는데, '역사에 대한 학습회를 한다'고만 들은 일본인 회관 측은 개최 직전에 그 실태를 알아차리고 예약을 취소했다. 주최자들은 서둘러 가까운 레스토랑을 빌려 집회를 열었는데, 거기에도 뉴욕의 단체 〈핵국가에 반대하는 게으름뱅이 모임〉을 비롯하여 UN여성지위위원회에 참가하기 위해 현지를 방문하고 있던 미일 평화·인권운동가들에 의한 항의데모가 일어났다. 이 데모에 대해 「텍사스 아버지」 일본사무국 대리인 후지키는 "데모 참가자는 시급 20달러에 고용된 노숙자들로, 참가자 6명이 뉴욕 경찰에 체포되었다"고 거짓소문을 흘렸다. 다음 날 『산케이신문』(3월 10일)에도 "저녁 무렵에 데모 참가자 여러 명이 시 경찰에 한때 구금되었다"는 기사가 게재되었는데 사실무근이다.

'위안부' 반대파에 대한 저항운동 중에서 압권이라 할 수 있는 것은, 2015년 4월에 시애틀 부근에 있는 센트럴 워싱턴대학(Central Washington University)에서 열린 '위안부' 부정 이벤트에 대항하는 움직임이다. 이 이벤트는 미국인들에게 호소하는 것을 목적으로 영어로 개최되고, 아마도 최초로 미국 대학 캠퍼스에서 열렸다는 점에서, 당시까지 거의 모든 '위안부' 부정 이벤트와는 확연히 구분되고 있었다.

센트럴 워싱턴대학의 '위안부' 부정 이벤트 주체 측은, 이 대학에서 일본어 강사를 하고 있는 오카다 콜린스 마리코(Mariko Okada-Collins)다. 이 이벤트는 원래 2011년 도

쿄 도지사 선거에 출마한 포말후보(泡沫候補, 당선 가망이 조금
도 없는 후보자)로 알려진 다니야마 유지로(谷山雄二朗)[8]가 제
작한 '위안부' 부정론을 호소하는 영화 상영과 다니야마
강연이 예정되어 있었는데, 다니야마의 메시지는 미국인
들에게는 전달되지 않을 거라는 우려에서 행사 개시 직
전에 심포지엄 형식으로 변경되어, 메라그룹의 강연이 프
로그램에 추가되었다. 또 상영시간이 3시간이 넘는 다니
야마 영화는 서둘러 45분 길이로 편집하여 상영되었다.

'위안부' 부정론 영화를 만든 일본인 영화감독이 자신
들의 대학 캠퍼스에 온다는 사실을 안 학생들과 교원·스
태프들은 분개하여, 여러 사람들이 여러 형태로 대항하
는 움직임을 보였다. 이 같은 반응이 학내에서 일어난 것
은, 다니야마가 자신의 영화 예고편을 동영상으로 공개하
고 있었기에 많은 사람들이 그 내용이 얼마나 추잡한가
를 이미 잘 알고 있었기 때문이다. 여러 형태로 대항하는
움직임 중에서 가장 컸던 것은, 인류학부 조교수(Associate
Professor) 마크 오슬랜더(Mark Auslander)가 기획한 것으로,
인류학·역사학·정치학·문학 등 여러 분야의 전문가들이
패널로 참여했으며, 여기에는 학생 수백 명이 참가했다.

8 저널리스트, 브로드캐스터, 작가, 배우, 이벤트MC.

또 이것과는 별도로 역사학부는, 학부에 소속된 교원들이 연명하여 일본정부에 '위안부' 문제의 공정한 해결을 요구하는 성명을 발표했다.

학생들의 기획으로는, 과거 '위안부'들의 증언을 전하는 짧은 다큐멘터리 영화 상영회와, 연극학부 학생들의 별도의 증언 낭독회가 열렸다. 또 중국인 유학생그룹은 오카다가 기획한 반대파 측 이벤트 회장 밖에서 조용히 메시지를 적은 현수막을 펼치는 항의활동을 했다.

반대파 측 이벤트는 대항 측 이벤트보다 30분 빨리 시작했기 때문에 흥미위주로 다니야마 강연을 보러 온 30명 정도의 청중 대부분은, 대항 측 패널이 시작될 때쯤 되자 차례로 자리를 떠나, 나중에는 주체자와 발표자 외 몇 명밖에 남지 않았다. 자리에서 일어나는 학생들을 향해 단상에서 "그대들은 진실로부터 도피하는 것인가"하며 매도한 다니야마의 이미지가 더욱 나빠진 것은 말할 것도 없다. 또 '위안부' 부정파 이벤트는 다음 날에도 열렸지만 같은 시간대에 맞불 이벤트는 열리지 않았는데도 그날 참가자는 전날보다 더 적었다.

다니야마그룹 강연회를 기획한 오카다는 그 반향에 대해, 이벤트 개최 1개월 후에 공개한 메시지에서 "밤낮 잠을 못 이루며, 아직도 후유증에 시달리고 있습니다"라고 고백했다. "다니야마 씨의 스피치 비디오를 보신 분들은 절찬의 목소리가 자자했는데, 미국인의 반응은 정반대였습니다"라고 그녀가 말했듯이, 속어와 유명인 가십을 섞어서 과장된 표현으로 과거 '위안부'들과 그들을 지원하고 있는 사람들을 야유하고 매도하는 다니야마의 강연은 (편집판에서는 삭제됐는데, 무삭제 영화에는 피해를 호소하는 '위안부' 할머니를 향해 발포하는 이미지 영상까지 포함되어 있다), 그의 이야기를 끝까지 들으려고 참석한 사람들(일부 학생들)에게까지 반감을 주었다.

샌프란시스코 시 추모비 설치를 둘러싼
일본정부의 압력

2015년 7월 샌프란시스코에서 일어난 '위안부' 추모비 설치 움직임은, 재미일본인을 중심으로 하는 '위안부' 부정파와, 그에 대항하는 여러 그룹과의 정면충돌의 장이 되었다. 이제까지 미국에서는 글렌데일 시를 비롯하여 몇 곳의 시가지에 '위안부' 문제에 관련된 추모비가 설치되어 있는데, 샌프란시스코시와 같은 대도시에 설치된 것은 처음 있는 일이다.

시의회가 추모비 설치 인정 안(案)을 의결하려고 한다는 뉴스는 나데시코 액션그룹에 의해 대대적으로 확산되었고, 주로 일본에서 몇백 통이나 되는 반대의견이 시의회에 쇄도했다. 처음 시의회는 이 의결이 그다지 반발을 살 거라고는 생각하지도 않았던 것 같은데, GAHT의 메라, 행복의 과학의 다구치, 센트럴 워싱턴대학의 오카다 등, 많은 재미일본인이 시의회로 몰려가 반대의견을 개진한 결과, 위원회에서 공청회를 열어 여름휴가가 끝나는 9월에 다시 표결하기로 했다.

샌프란시스코 시에서 '위안부' 추모비 설치를 요구하기 2년 전부터 활동하고 있던 단체는, 중국계 미국인을 주체로 하는 〈난징대학살배상청구연합〉(RNRC)이다. 그러나 재미일본인들에 의한 반대운동에 대항하여, 전년의 '위안부' 부정파 집회에 대항하는 운동을 실행한 평화단체와 아시아계 미국인단체 등이 집결하여, 〈위안부공정연맹〉을 발족시켰다. 이 연맹에 참가한 단체는 RNRC를 비롯한 중국계 미국인단체 외에 NCRR 등의 일본계 미국인단체, 〈일본다문화구원기금〉 같은 재미일본인과 피차별 일본계[9]단체, 한국계와 필리핀계 그 밖에 아시아계

9 미국에 이주한 재일한국·조선인과 오키나와, 아이누, 피차별 부락출신자 등, 재미일본인 기뮤니티 내부에 있는 마이너리티 집단.

미국인단체, 〈평화를 추구하는 퇴역군인 모임〉과 〈코드
핑크(CODE PINK)〉[10]와 같은 평화단체, 국제적 연대행동에
참여하고 있는 노동운동, 인권과 평화를 위해 활동하는
종교관계자와 학자들, 그 밖의 여러 단체나 운동에 관여
하고 있는 사람들이다.

　그러나 샌프란시스코 시에서는 이제까지 '위안부' 추
모비를 둘러싸고 논쟁이 거듭되고 있는 다른 어느 시에
서도 볼 수 없었던 문제가 생겼다. 그것은, 재미일본인이
아니라 일본계 미국인사회에서 등장한 조직적인 반대론
이다. 이미 말한 대로 그때까지 미국에서 '위안부' 추모비
설치에 반대해온 자들은 주로 '신일세'인 재미일본인과
이민자들이며, 수 세대 전부터 미국에 살고 있는 일본계
미국인들이 아니었는데, 샌프란시스코에서는 시내의 재
팬타운의 유력자들 중 몇 사람이 반대 입장으로 태도를
바꿨다. 그저 몇 사람이라고는 하지만 그들은 일본계 미
국인사회의 리더 격이고 선거운동 등을 통해 시의원들과
의 관계도 긴밀하기 때문에 무시할 수 없는 영향력을 가
지고 있었다.

　노파심에서 말해두지만, 재팬타운의 '위안부' 부정론자

10　샌프란시스코에 거점을 둔 여성을 중심으로 한 반전단체.

들은, 메라그룹과는 달리, '위안부' 문제의 역사적 사실에 다른 의견이 있었던 것은 아니다. 그들은 미국사회에서는 리버럴(자유주의자)이라 불리는 입장에 있으며, 몇 년 전에 샌프란시스코와 자매도시 관계에 있는 오사카 시(大阪市) 하시모토 도오루(橋下徹) 시장이 '위안부' 제도를 정당화시키는 발언을 했을 때에는, 오사카 시장을 비난하는 결의에 앞장서서 찬성했다. 그러나 이번에는 '위안부' 설치 움직임이, 제2차 세계대전 때와 같은 일본계 미국인 배척·차별 풍조가 다시 일지 않을까 우려된다는 것이다.

'위안부' 추모비에 찬성하고 있는 일본계 미국인들이 반대파 일본계 미국인들과 대화를 계속하는 가운데 알게 된 것은, 야마모토그룹 일본 우파와 메라그룹 재미일본인뿐만 아니라, 재(在) 샌프란시스코 일본총영사관이 재팬타운 유력자들에게 강하게 압력을 가하고 있었다는 사실이다. 그때까지만 해도 '위안부'에 관한 의결을 심의하고 있는 자치체에 일본 외교관이 방문하여 "일본정부의 입장을 설명하겠다"는 식의 자극은 있었지만, 샌프란시스코 시에서는 일본정부가 직접 재팬타운 유력자에게 압력을 가해 '위안부' 추모비에 반대운동을 하도록 재촉했다는 것은 일본정부가 여느 때보다 깊이 개입하고 있음을 말해순다.

재팬타운 유력자들의 말에 의하면, 그들은 "결의가 가결되면 이러한 비가 세워진다", 그리고 한국계 미국인이 자비로 사유지에 설치한, 일본군 만행을 조각으로 표현한 추모비의 사진을 그들에게 보여주며, "추모비가 설치된 글렌데일 시에서는 일본인과 일본인 아이들이 이지메나 혐오범죄 피해를 입고 있다"는 설명을 들었다고 한다. 또, '위안부' 추모비 설치운동의 배경에는 중국정부가 있어 미일 분단을 획책하고 있다는 등의 '진상'을 들은 사람도 있었다. 이것이 사실이라 한다면(의심할 이유는 어디에도 없지만), 일본정부가 일본의 일부 보수계 미디어가 그대로 흘려보내는 악질적인 선전을 일본계 미국인에게 주입시키는 결과를 낳는다.

그러나 그것뿐이라면, 샌프란시스코시는 애초 글렌데일 시에 있는 입체적인 동상이나 조각과 같은 형태의 비 설치를 생각하고 있지 않다는 것과, 글렌데일에서 그러한 이지메나 혐오범죄가 발생하지 않았다는 것을, 시 당국이나 글렌데일 주변에 살고 있는 일본인들이 설명하면 끝날 일이다. 더 큰 문제는, 일본정부가 일본계 미국인들이 운영하고 있는 여러 단체에 대해, 일본기업의 기부금 인상 가능성을 흘리면서 압력을 가해왔다는 여러 증언이 있다는 것이다.

그러한 압력을 받았다는 단체 중에는 고령의 일본계 미국인과 일본인을 지원하고 있는 단체와, 노숙자들을 위해 식사를 제공하는 등의 활동을 하고 있는 단체 등이 있다. 전자는 제2차 세계대전 후에 미국인과 결혼하여 미국으로 건너간 일본인 여성을 많이 지원하고 있는데, 실질적으로 고령의 일본인 여성들이나 노숙자들의 생활을 일본정부가 인질로 삼은 모양새다. 또 샌프란시스코 재팬타운에 있는 일본계 미국인 역사협회에도 총영사가 방문하여 그야말로 웃기는 얘기지만 역사전문가에게 「일본정부가 생각하는 위안부 사실(史實)」을 강의했다고 한다.

샌프란시스코 자매도시인 오사카 시로부터의 압력도 강력했다. 당시 오사카 시장 하시모토 도오루가 '위안부' 추모비 설치에 반대하는 서간을 보낸 사실이 보도되었는데, 실제로는 그것뿐만 아니라 공식·비공식 채널을 통해 의결을 저지하려는 압력이 있었다. 그 중심이 된 자는, 샌프란시스코 시 요직에 있으며, 일본 명문가와 친족관계인 한 일본계 미국인 여성이다. 그는 자매도시 프로그램 업무에 종사하고 있으며 매년 오사카 시로부터 초대를 받아 일본을 방문하고 있다. 결코 노골적으로 의결을 반대하지 않지만, 시의회에서 그녀의 사전방해공작 때문에 의결이 힘들어지게 된 석도 있었다.

샌프란시스코 시의회는 11명 정원으로 그중 추모비 의결 공동제안자는, 중심적으로 활동하고 있었던 에릭 마 (Eric Mar) 시의원을 포함 8명이었다. 남은 3명은 재팬타운 선거구 시의원이었는데 의결에 신중한 자세를 보였다. 앞서 말한 일본계 여성 요직자와 마찬가지로, 그들은 절대로 공적으로는 '의결에 반대한다'고는 표명하지 않으면서 표결을 무기한 연기시키려고 하거나, 일본군에 대한 비판을 희석시키기 위해 폭넓은 수정을 요구하는(게다가 구체적인 수정안이 제시된 일도 없다) 식의 태도를 보였다.

그러나 위원회 공청회를 거쳐 9월에 이 의결이 표결에 붙여지자 결과는 전원일치 가결이었다. 이러한 결과를 낳은 데에는 시의회 내부에서의 사전협의의 성과도 있었겠지만, 공청회에서의 '위안부' 부정파의 행동이 가장 큰 원인이었다고 생각할 수 있다.

공청회에서는 찬성파·반대파 모두 많은 증언을 했다. 찬성파의 앞장에 선 자는 한국계 미국인단체 초청으로 이날을 위해 한국에서 온 과거 '위안부'였던 이용수 할머니로, 그녀의 증언이 끝나자 회장에서 큰 박수가 울려퍼졌다. 또 그 외에도 일본계인과 그 밖의 아시아계 미국인, 평화단체 멤버 등 여러 사람들이 의결에 찬성하는 증언을 했다. 그중에는 가족이 히로시마에서 원폭 피해를 입었다는 설명과 함께 자신의 그러한 배경에서 과거 '위안부'에 대한 연대를 표명한 일본인 유학생도 있었다.

한편 반대파는, 로스앤젤레스에서 GAHT의 메라와 미즈시마 이치로(水島一郎), 역시 로스앤젤레스 일본인단체 〈진실한 일본네트워크〉의 이마무라 데루미(今村照美)그룹이 참가하여 증언했다. 그중에서도 메라는 "20만 명의 피해자, 강제, 성노예 등, 위안부 문제에 대해 말하고 있는 것은 죄다 거짓이다"고 말한 뒤, 샌프란시스코 주립대학 인류학자 사라 서(Chunghee Sarah Soh) 교수의 저서를 들어 보이고, 바로 앞에 있는 과거 위안부 이용수 할머니 이름을 거명하며 "이 사람의 증언은 신용할 수 없다"고 비판했다. 이 할머니의 증언이 사라 서 저서에 쓰여 있는 내용과 모순된다는 지적인 것 같은데, 메라가 들어 보인 사라 서의 저서[11]에서는, 과거 '위안부' 일부 증언에 과장이나 오해가 포함된 것은, 결코 일본의 보수파가 말한 "일본은 사실과 다르다는 이유로 부당한 비난을 받고 있다"는 것을 의미하는 것이 아니다,라고 정확하게 지적하고 있다.

메라와 미즈시마의 이러한 발언에 대해, 의장을 맡은

11 『The Comfort Women: Sexual Violence and Post colonial Memory in Korea and Japan(‘위안부: 한국과 일본에서의 성폭력과 식민지시대의 기억』 시카고대학 출판 2009년)

에릭 마 의원은 "당신은 이 할머니를 거짓말쟁이라고 하는 건가"하며 격하게 반발했고, 또 데이비드 캠퍼스(David Campos) 의원은 메라그룹의 언동이 어처구니없다며 "창피한줄 알라"고 4번 반복한 후에 "이 같은 발언 배후에 일본정부가 없다면 좋겠지만…"이라고 표명했다. 일본정부가 뒤에서 조종하고 있던 일본계 미국인 커뮤니티와 시의원들에 대한 교묘한 압력이 메라그룹의 스탠드 플레이에 의해 무너지는 순간이었다. 공청회에서 그의 발언을 들은 후, '위안부' 문제의 사실(史實)을 전하는 추모비는 필요없다는 입장을 취한 시의원은 한 사람도 없었다.

'위안부' 부정으로 암약하고 있는 일본정부에 의해 강해지는 위기감

외무성이나 대사관, 총영사관을 통한 일본정부의 음성적 활약은, 샌프란시스코의 일본계 미국인 커뮤니티에 대한 압력에 머무르지 않는다. 예를 들면, 샌프란시스코에서 '위안부' 추모비 설치가 결정된 다음 달(2015년 10월), 미국을 방문한 한국의 박근혜 대통령에 대한 항의활동을 한 자칭 '베트남계 미국인' 배후에, 일본정부와 '역사문제'에 관해 계약관계에 있는 로비스트가 있다는 것이 밝혀졌다.

〈베트남 목소리〉라 칭하는 이 단체는, 박 대통령 방미 이전에 활동실적이 전혀 없었는데도, 그녀의 방미 시기에 맞춰 처음 등장하여 월스트리트저널지에 일면 컬러 광고를 게재하였다. 나아가 미국 기자클럽 회견에는, 미네소타주 놈 콜먼(Norm Coleman) 전 상원의원이 출석하여, 베트남전쟁에서 한국군이 저지른 성폭력이나 그 밖의 만행에 대해 한국군과 한국정부의 책임을 추궁했다. 이 전 상원의원이야말로, 일본정부와 '역사문제' 대책에서 계약 관계에 있는 국제법률사무소 호건 로벨스(Hogan Lovells)사 소속 로비스트이며, 기자회견을 주선한 것도 호건 로벨스사였다. 또 콜먼 전 의원은 같은 시기에 한국군 전쟁범죄를 추궁하는 논설을 발표했는데, 후에는 일본군의 '위안부' 문제 추궁은 이제 그만 끝내자는 논설을 통해 일본정부의 입장을 충실히 대변하고 있다.

베트남전쟁에서 한국군이 자행한 성폭력에 대해서는 이제까지 베트남과 한국의 여성단체, 시민단체가 계속 추궁해왔다. 그중 중심적 역할을 담당해온 것은 과거 '위안부' 지원을 하고 있는 여러 단체와 연구자들이다. 예를 들면, 한국정신대문제대책협의회는 한국군에 의해 성폭력 피해를 입은 베트남 여성들과 함께 팔레스티나와 콩고에서 군대와 무장세력에 의해 성폭력 피해를 입은 사람들과 연대하여, 자금제공 등의 지원을 하고 있다. 그러나 이 〈베트남 목소리〉는 그러한 운동이나 단체, 혹은 다른 베트남계 미국인의 인권단체나 여성단체 등과 아무런 관련성이 없는데, 갑자기 등장하여 어떠한 협력관계도 구축하려 하지 않을뿐더러 일반적인 기부조차 일절 모금하지 않는다는 점에서 꽤 부자연스러웠다.

일본정부의 음성적 활동이 미국 연구자들을 경악하게 한 것은, 시간을 거슬러 2014년 11월부터 다음 해 1월에 걸쳐, 미국에서 채택되고 있는 세계사 교과서 내용에 대해, 일본정부가 '위안부'에 관한 기술 삭제와 개정을 저자와 출판사에 요구한 건이다. 미국 출신 작가 아루도 데비토(有道出人, Arudou Debito)가 교과서 저자 중 한 사람인 하와이대학 역사학부 교수 허버트 지글러(Herbert Ziegler)와 인터뷰한 내용에 의하면, 그에게 호놀룰루 일본총영사관 관리로부터 메일로 "당신이 쓴 교과서에 대해 이야기하고 싶다"는 연락이 왔다고 한다. 지글러가 그 제의에 흥미가 없다고 답하자, 관리는 일방적으로 만날 날짜와 시간을 명시하고 영사관을 직접 방문할 것을 통지했다. 거기서 지글러는 교과서 출판사와 이 건에 대해 사전 협의한 후, 교과서 내용에 관한 문의라면 출판사 홍보담당에게 연락할 것을 관리에게 전했지만, 그는 끝까지 "직접 만나고 싶다"며 양보하지 않았다.

그 후 지글러가 한동안 총영사관에서 보낸 메일을 무시하고 있었는데, 어느 날 연구실에서 점심을 하고 있을 때 불쑥 그 관리가 통역을 동반하고 방으로 들어와 멋대로 의자에 앉더니, 지글러의 교과서가 얼마나 잘못되었고 수정해야 하는가 하며 일방적으로 따지고 들었다.

이에 지글러는 역사교과서가 어떻게 편찬되었는가를 설명했다. 역사교과서는 주기적으로 개정되는 것으로, 그때마다 새로운 역사적 발견이나 해석에 의해 교과서 내용이 바뀌는 경우는 흔히 있다. 이 교과서의 초판이 출판된 이래 15년에 걸쳐 출판사에서는 전문 연구원이 모든 기술에 대해 계속 조사하고 필요에 따라 내용을 수정해왔고, 각국의 역사학자들의 끊임없는 연구와 상호비판을 통하여 교과서 개편이 되는 것이지 여기에 정부가 나설 자리가 아니다고…. 그러나 일본정부의 압력은 계속되었고, 다음 해 1월에는 아베 총리가 국회 답변에서 지글러의 교과서 내용에 "아연 질색했다"고 발언, "일본 명예에 관계되는 문제"며, "전략적·효과적 정보발신을 하겠다"는 의사를 표명했다.

이러한 압력에 위기감을 느낀 미국의 역사학자들(20명)은, 미국역사학회가 발행하고 있는 기관지 3월호에「일본 역사연구자와 연대하는 성명」을 발표, 그리고 아베 총리 방미에 맞춰 5월에는 200명 가까이 되는 각 분야의 일본 연구자(추가서명을 포함하면 457명)가 참가한 두 번째 성명이 발표되었다. 이 성명은, 일본정부의 역사연구 개입을 비난하고, 일본정부가 '위안부' 문제 사실(史實)에 응해주기를 요구한 것이다.

특히 두 번째 성명은,「Japan as Number One(강대국 일본)」의 에즈라 보겔(Ezra Feivel Vogel),『패배를 부둥켜안고』의 존 도워(John W. Dower),『역사로서의 패전 후 일본』의 앤드루 고든(Andrew Gordon),『역사로 생각한다』의 캐롤 글럭(Carol N. Gluck),『국민의 왕』의 케네스 루오프(Kenneth James Ruoff),『왕이 죽은 나라에서』의 노마 필드(Norma M. Field) 등의 톱클래스 연구자일 뿐만 아니라, 미국정부의 아시아 정책에 영향을 주는 거물급이 거의 이름을 올린 획기적인 일이었다. 이 정도의 지일파(知日派)와 친일파가 정치적 입장 차를 넘어 연명(連名)한 것은, 일본정부의 학문 개입과 '위안부' 부정론에 대한 후원에 그들이 상당한 위기감을 안고 있다는 증거일 것이다(공평성을 위해 공개하지만, 필자도 이 성명에 서명했으며, 그 편집과정에도 관여했다).

'위안부' 문제 한일합의로 분열된 보수파의 반응

2015년 말, 한일 외교부에 의한 '위안부' 합의가 발표되었을 때, 백악관를 대표해서 이를 환영한다는 성명을 낸 것은, 국가안전보장 담당 수잔 라이스(Susan Elizabeth Rice) 대통령 보좌관이었다. 전부터 "미국 군사·외교상 필요에 의해 미국정부는 한국과 일본에 압력을 넣어 어떻게든 해결을 보려고 한다"는 해설이 미디어를 통해 소개되었는데, 안전보장 담당 보좌관이 제일 먼저 환영 성명을 낸 것은 이를 뒷받침하는 것이라 할 수 있다.

미국정부의 환영 성명의 영향 때문인지, 한일 '합의'는 주요 미디어에서도 호의적으로 보도되어, 사정을 잘 모르는 사람들에게는 그것이 1993년의 이른바 고노 담화에서 아무런 진전도 없었다는 것과, 피해자인 과거 '위안부' 할머니들의 목소리를 전혀 반영하지 않았다는 것, 그리고 UN 여러 위원회로부터의 권고와 미국 하원 의결의 요구와는 거리가 멀다는 것 등을 이해하기가 힘들어졌다. 그러나 이제까지 '위안부' 문제를 다루고 있던 사람들, 예를 들면, 샌프란시스코와 글렌데일에서 '위안부' 추모비를 추진·옹호해왔거나, 뉴욕 등지에서 '위안부' 부정파에 대항해온 사람들이 '합의'에 비판적 대도를 보이자, 그러한 의견도 일부 미디어에서 문제시하게 되었다.

한편, 일본 공동통신은 뉴욕주 나소 카운티(Nassau County) 등에서 '위안부' 추모비 설치에 관여해온 한미 공공위원회(KAPAC)에 전화로 취재하여, 앞으로는 '위안부' 문제에 관여된 "정치적활동을 중단한다는 의사를 표명했다"고 하며, '합의'를 비판하는 로스앤젤레스의 캘리포니아 주 한국계 미국인 포럼(KAFC)과 대비시키는 보도를 했다. 그러나 그 후 몇 개월이 지나도 KAPAC의 웹사이트에 그러한 설명은 없고, 필자가 메일로 보낸 질문에도 답이 없다. 어쨌든 지금까지 '위안부' 문제에 관여해온 미국 대부분의 사람들이 이번의 '합의'에 반발하고 있다는 사실은 변함이 없다.

'합의'에 대한 반응이 갈라진 것은, 오히려 재미일본인 보수파세력일지도 모른다. 발 빠르게 공식적으로 비판한 것은 글렌데일 시와 소송전을 계속하고 있는 GAHT 대표 메라다. 메라는 성명에서 서울 일본대사관과 글렌데일 시에 있는 '위안부' 추모비를 철거하는 등의 확약도 듣지 않고 100억 원 거출에 합의한 것은 일본의 외교적 패배라고 비판했다. 또 〈뉴욕 정론의 모임〉의 스즈키 노리마사(鈴木規正)는 아베 총리에 대한 공개 질문장에서, 재미 일본인들은 이번 '합의' 소식을 접하고 "조국의 이오토(硫

黃島)[12]가 생각났다"고 적고 있다. '위안부' 추모비 설치에 반대하는 등 갖가지 활동을 하고 있음에도, 기대했던 본국으로부터의 지원을 거부당해 절망에 빠져버린 상황을, 공급이 끊겨 고립된 전투를 전개할 수밖에 없었던 이오토 일본군에 빗댄 것이다.

한편, 로스앤젤레스 근교에서 메라와는 선을 긋고 '위안부' 추모비 반대운동을 이어온 작가 바바 노부히로(馬場信浩)는 SNS 상에서 한일합의에 대한 불만에 대해 "그 기분은 알겠습니다"라고 하며, 아베 총리에게는 그 나름의 외교상의 '노림수'가 있다고 옹호했다. 바바는 〈일본회의〉[13] 지원을 받아 아사히신문사에 소송을 걸었고, 이번 합의를 둘러싼 일본 보수파의 분열은 그들과 연대하는 재미일본인들의 대응에도 반영되고 있다.

'위안부' 부정 대외발신의 행방

한일 '합의'에 의해 '위안부' 문제가 '최종적으로 해결'

---

12   東京都. 일본 오가사와라 제도(小笠原諸島) 남단 가까이에 있는 동서 8킬로미터, 남북 4킬로미터의 섬.
13   1997년에 설립된 일본 민간단체. 2016년 현재 회원 3만 8,000여명.

되었다고 발표된 후에도, 일본정부와 보수파 일본인들은 미국과 UN을 주 전쟁터로 삼아 '역사전' 대외발신을 활발히 하고 있다. 예를 들면, 2016년 2월에 제네바에서 개최된 UN여성차별철폐위원회에서는 전 국회의원 스기타 그룹이, 이어 3월 초순에 열린 UN인권위원회에서는 「텍사스 아버지」 일본사무국의 후지키가 비정부조직 대표 자격으로 참가하여, '위안부' 문제에 대해 '200만 명의 피해자, 강제, 성노예'를 부정하는 발언을 했다. 이는 여성차별철폐위원회에 일본정부 대표 자격으로 참가한 스기야마 신스케 외무심의관(현 외무사무차관)의 발언과도 일치한다.

뉴욕 UN본부에서 UN여성지위위원회가 개최된 같은 해 3월에는, UN본부 근처 회장에서 메라, 후지키, 스기타, 후지이(논파프로젝트), 야마모토(나데시코 액션), 호소야(일본근현대사연구회), 스즈키(뉴욕 정론의 모임), 마라노(텍사스 아버지)가 4회에 걸쳐 이벤트를 개최하였고, 일본어와 영어로 '위안부' 문제는 허구임을 호소했다. 하기야 영어로 개최한 이벤트에서는 "일본인은 약자를 위로하지만, 한국인은 웅덩이에 빠진 강아지를 패는 문화다"(호소야), "여러분이 믿고 있는 것은 날조다"(메라), "과거 위안부를 자칭하는 사람 중에는, 정치적인 프로파간다에 이용되어, 지원단체에게 이렇게 하시오, 저렇게 하시오 식의 훈련을 받는 사람이 있다"(스기타) 등의 발언으로 청중으로부터 맹비난을 받았다. 특히 엉망이 된 이벤트 후, 스기타는 "청중은 전원 한국, 중국인에게 세뇌된 사람들뿐" "정대협[14]과 세계항일연합이 배후에 있어, UN직원을 비롯하여, 한국인, 중국인, 일본인 외의 사람들을 동원했다"고 블로그에 올렸는데, 일본 국내에서만 통용되는 자신들의 발신이 청중을 완전히 적으로 돌렸다고 인식하지 못하는 것일까.

"대외발신을 강화하자"는 슬로건 하에, 일본정부 및 보수계 일본인의 미국과 UN에서의 공세는 멈출 줄 모른다. 샌프란시스코에서 메라가 발언한 것처럼, 일부 보수계 일본인의 과격한 언동이 '일본정부의 의도'에 일종의 장해가 되는 측면도 있을 것 같다. 앞서 소개한 바바는 '위안부' 추모비 설치와 캘리포니아 주 역사교과서의 '위안부' 기술에 반대하는 운동을 하고 있는데, 그는 그 지방의 지방의원이나 유력자들과의 대화를 통해 관계를 돈독히 하는 수법을 쓰고 있으며, 메라그룹의 스탠드플레이에 대해서 비판하는 일도 있다. 한일합의를 둘러싸고 '합의' 반대파와 결별한 일본의 주류보수운동(아베 총리 지지, 일본회의계)

---

14 한국정신대문제대책협의회.

이 메라그룹에 대한 지원을 재고할지도 모른다.

필자는 최근 수년간 가끔 미국에 거주한 관계로, 일본어와 영어 문장의 읽고 쓰기가 가능하여 일본계 미국인 단체와 그 밖의 아시아계 미국인단체 등과 관계를 갖게 되었으며, 성폭력과 성적 인신매매, 식민주의에 대해 어느 정도 파악하고 있다는 요인이 우연히 겹쳐 이 문제에 관여하게 되었다. '위안부' 문제 자체에 대한 지식과 경험은, 일본과 아시아 각국에서 활동해온 많은 연구자와 활동가들의 발밑에도 못 미친다고 생각한다. 일본 보수세력이 '대외발신'의 근본적인 실패를 인정하고 미국에서 철수해준다면 이 이상 그들에 의해 재미일본인이나 아시아계 미국인 커뮤니티가 분단되는 일도 없을 테고, 나 역시 다시 본업인 현대 성폭력과 가정폭력 문제에 집중할 수 있어 고맙겠지만 당분간은 그리되지 못할 것 같다.

2015년 말에 '위안부' 문제에 대한 이른바 「한일합의」가 발표된 지 1년 이상이 지났다.

그동안 한국에서는 합의를 체결한 박 대통령이 탄핵으로 물러나, 새 정권이 합의의 재고를 주장하는 움직임을 보이고 있다. 그런데 합의 이후 일본에서 일어나고 있는 현상은 내 예상보다 훨씬 추악하다.

당초 한일합의가 발표되었을 때, 일본 우파세력의 반응은 둘로 나뉜 것처럼 보였다. 합의를 "이것으로 이제 한국을 떠들지 못하게 할 수 있다"고 환영하고 합의를 이끌어낸 아베 총리의 수완을 평가한 주류파와, 100억 원의 배상 등 어떠한 형태로든 한국에 양보하는 것을 곧 패배로 받아들여 아베 총리를 맹비판한 비주류파다. 본장의 원고를 쓴 시점에서는, 나는 주류파가 한일합의를 기정사실화하기 위해 방해가 되는 비주류파를 제거하는 쪽으로 갈 것이라고 예측하고 있었다.

그러나 실제로 아베 총리가 이끄는 일본정부는 이 이상 어떠한 조치도 취하지 않는, 한국과 시민들의 추가요구를 거절할 구실로 한일합의를 이용할 뿐, 그 정신에 반하는 역사수정주의적 주장을 거듭 강조하고 있다.

그것이 처음 밝혀진 것은 2016년 2월에 제네바에서 열린 UN여성차별철폐위원회에서의 일이다. 일본정부는 과거 몇 번이나 UN여성차별철폐위원회에서 '위안부' 문제에 대한 대처가 미비하다는 지적을 받아왔으나, 그때까지의 일본정부는 고노 담화나 아시아여성기금 등 정부가 1990년대에 시행했던 정책에 대해 설명하면서 이미 충분히 책임을 지고 있다고 해명했다. 그러나 이번 위원회에 일본정부 대표로 참가한 스기야마 신스케 외무심의관은 그 관례를 깨고 다음과 같이 발언했다.

일본정부는 한일관계에 있어 위안부 문제가 정치·외교문제화된 1990년대 초 이후, 위안부 문제에 관한 본격적인 사실조사를 실시했는데, 일본정부가 발견한 자료 중에는 군이나 관헌에 의한 이른바 '강제연행'을 확인할 수 있는 것은 없었다.

'위안부가 강제연행되었다'는 견해가 널리 유포된 원인은, 1983년 고인이 된 요시다 세이지 씨가 『나의 전쟁범죄』라는 책에서 요시다 세이지 씨 자신이, "일본군의 명령으로 한국 제주도에서 수많은 여성 사냥을 했다"는 허위 사실을 날조하여 발표했기 때문이다. 이 책의 내용은 당시 주요 신문사 중 하나인 아사히신문에 의해 마치 사실인 것처럼 보도되어, 한국, 일본의 여론뿐만 아니라 국제사회에도 커다란 영향을 끼쳤다. 그러나 실제 책의 내용은 나중에 여러 연구자들에 의해 완전히 상상의 산물이었음이 이미 증명되었다. (중략)

또, '20만 명'이라는 숫자도 구체적 증거가 없는 숫자다. 아사히신문은 2014년 8월 5일부 기사에서, "'여자정신대'라 함은 전시 하의 일본 내지(국내)나 과거 식민지였던 조선·타이완에서 여성을 노동력으로 동원하기 위해 조직된 '여자근로정신대'를 가리킨다. (중략) 노동력 이용이 목적이었고, 장병들의 성 상대로 종사시킨 위안부와는 별개다"라고 적시했고 거기에, '20만 명'이라는 숫자의 근거가 된 것은, 통상 전시노동에 동원된 여자정신대와, 여기서 말하는 위안부를 잘못 혼동했음을 인정하고 있다.

더더욱, '성노예'라는 식의 표현은 사실에 반한다.

'위안부' 문제에 있어서 일본이 비난을 받고 있는 여러 가지 점에 대해, 요시다와 아사히신문의 날조와 오보로 생긴 것이고 사실에 반한다고 한 스기야마 심의관의 견해는, 실질적으로 고노 담화를 무시하고 새로 쓴 것이라고 하여 우파 내의 주류파·비주류파의 환영을 받았다. 그리고 그들의 계획대로 "강제연행은 없었다, 위안부 20만 명은 근거 없다, 성노예가 아니다"라는 3점세트는 이후의 일본정부의 기본적인 포지션이 되어간다.

글렌데일 시에 설치된 '위안부' 추모비 시비(是非)를 둘러싼 법정다툼에서 2017년 초에 일본정부가 미국 대법원에 제출한 의견서를 보면, 이 3점세트가 일본정부의 공식적인 입장으로 정착되었다는 것을 보여준다. 당시, 글렌데일 시에 설치된 '위안부' 추모비를 둘러싼 재판에서 원고 GAHT는 연전연패를 거듭한 끝에 대법원에 상고했으나, 미국의 사법제도는 하위법원에서 결정적 오심이 있는 경우에만 상고를 받아들인다. 게다가 현 시점에서 GAHT는 자금이 바닥난 관계로 담당변호사를 해고하고 법적 지식이 없는 메라와 야마모토, 호소야 등이 쓴 상고서류를 변호사에게 의뢰하여 겨우 기본수수료로 소장(訴狀)을 정리한 상황이어서 GAHT의 패소는 뻔했다(실제로 몇 개월 후 대법원은 항고를 기각하여 원고 패소가 확정되었다).

왜 이러한 참상에 일본정부는 일부러 말려드는 것일까? 애초부터 원고를 지원할 생각이었다면 왜 좀 더 빨리 참가하지 않았는지 모르겠지만, 일본정부가 이 의견서에서 주장한 것은, 원고가 주장하던 "추모비 설치는 연방정부의 외교권을 침해한다"는 표면적 이유, 그리고 스기야마 심의관이 여성차별철폐위원회에서 주장한 3점세트였다.

2017년 6월에 미국 조지아 주 브룩헤이븐(Brookhaven) 시에서 '위안부' 추모비 건립이 결정되자, 주를 관할하는 재애틀랜타(Atlanta) 일본총영사는 그 결정을 취소시키려고 현지 지방기자들을 불러들여 '일본정부 입장'을 설명했다. 그 결과는 리포터 뉴스페이퍼스(Reporter Newspapers)사의 다이아나 베그비(Diana Bagby) 기자가 「일본총영사,

브룩헤이븐 시의 추모비는 '증오의 상징'이라고 발언」이라는 인터뷰 기사를 써 국제적으로 떠들썩했다.

기사에 의하면 시노쓰카 다카시(篠塚隆) 주(駐) 애틀랜타 일본총영사는 '위안부' 추모비는 일본인에 대한 증오와 반감의 상징이라고 주장하면서 "일본군이 여성을 성노예로 삼은 증거는 아무것도 없다" "여성들은 돈을 받은 매춘부였다"고 발언했다.

후에 이 발언이 국제적 비난을 받자 일본정부는 "총영사는 여성들이 매춘부였다고는 말하고 있는 것이 아니다"고 공식적으로 해명했지만, 공개된 취재녹음에는 "알고 계시는지 모르겠지만, 일부 아시아 나라·문화에는 가족을 부양하기 위해 '이 일'을 하는 소녀들이 있습니다"는 총영사의 발언이 있었다. '이 일'이 매춘을 의미하는 것은 확실하다.

말할 것도 없이, 총영사가 비난을 받은 것은 '매춘부'라는 말을 사용한 그 자체를 말하는 것이 아니다. 강제로 '위안부'가 된 여성들이 폭력과 착취·채무노예 등 갖가지 형태로 고통을 받았다는 역사적 사실을 부인했고, 총영사가 말한 '소녀'를 포함한 그들이 자진하여 매춘을 선택했다는 식의 발언의 취지가 비난의 대상이 된 것이다.

그 직후, 브룩헤이븐에서 열린 시외회(市外會)에서는 뮤제발언

당사자인 시노쓰카 총영사는 참가하지 않았지만, 재애틀랜타 일본총영사관에서 오야마 도모코(大山智子) 영사가 대신 참가하여 3점세트를 주장했다(「텍사스 아버지」의 마라노를 비롯해 일본 우파와 친밀한 추모비 설치반대파가 많은 발언을 했다).

과거에도 글렌데일 시나 샌프란시스코 시 그리고 '위안부' 추모비 제안이 있었지만 실현하지 못한 여러 도시에서도, 그 지역 담당 일본총영사관이 자치체와 그 지역 단체에 공작을 한 적도 있었다. 현지에 진출한 일본기업 철수를 암시하기도 하고, 일본에서 좋지 않은 사건이나 고민거리가 있는 그 지역주민에게 편의를 봐주도록 요청을 받아주는 등의 공작도 있었다. 그러나 브룩헤이븐 시처럼 총영사 스태프가 지역 미디어 인터뷰 요청을 적극적으로 수락하기도 하고, 직접 시의회에 달려가 공적장소에서 역사적 사실에 대해 반론하는 일은 여태껏 없었다.

하기야 일본정부가 대법원에 제출한 의견서에 아무런 효과가 없었던 것과 마찬가지로, 총영사관의 집요한 공작이 공을 세웠는가 하면 오히려 반대로 '일본정부는 역사를 은폐하려고 한다'는 인상을 줘, '위안부' 추모비의 필요성을 각인시켜준 것 같다. 메라가 샌프란시스코 시에서 행한 실수를, 브룩헤이븐에서는 일본정부가 그대로 따라

한 것이다.

산케이신문도 7월 8일 기사에서 일본정부의 반론에 대해 "미국에서 소녀상 설치 문제가 수면 위에 떠오르면 반드시 일어나는 반응이라서, 한국계 단체도 일본 측의 반응은 이미 알아차렸을 거다. 이러한 일본정부의 설명에 대해 '일본은 반성하고 있지 않다'고 선전하고 역이용하는 부분도 있다"고 지적하며, "일본 측에 새로운 교훈을 제시했다"고 정리했다.

'위안부' 문제에 대한 반대가 한창이던 1990년대 중반(예를 들면 〈편찬하는 모임〉 1996년 설립)에서 2015년까지 약 20년 동안 일본정부와 일본보수파 정치인들은 국내를 향해서는 "강제연행은 허위, 20만 명은 근거 없음, 성노예는 사실에 반한다"는 3점세트 주장을 반복하면서, 대외적으로는 고노 담화의 견지(堅持)와 아시아여성기금에 의한 배상이 이루어졌다고 호소하는 서로 모순된 말을 사용해 왔다. 그러나 스기야마 심의관(현 외무차관)의 UN여성차별철폐위원회 발언 이후 그 세력은 큰 전환을 맞이했다. 시노쓰카 총영사의 실언("성노예가 아니다"고 하면서, 그렇다면 무엇이었는가는 명확하게 말하지 않는 일본정부의 태도인데, 엉겁결에 [본색]을 드러내버렸다)도 그 연장선상에 있다.

'아베 독주' '자민 독수'인 일본 정치 상황이 계속되는 한, 이러한 일본정부의 공세는 앞으로도 계속될 것이다. 아니 야당인 민진당(民進党) 렌호(蓮舫) 대표조차도 브룩헤이븐 시에 '위안부' 추모비가 설치된 것에 대해 "일본정부로서 용서할 수 없는 이야기라고 생각한다. 제대로 할 말은 하겠으며 정부도 그리하기를 바란다"고 코멘트하고 있다(산케이신문 2017년 7월 1일).

또 일본정부와의 연대는 확실하지 않지만 글렌데일 시의 '위안부' 추모비에 찬성한 일본계 단체 대표자에게, 인종문제 전문가며 일본계 미국인들과 유대관계에 있는 다케자와 야스코(竹沢 泰子) 교토대학 교수가, '일본(정부)의 입장'을 설명하며 설득하려고 한 일도 있었다. 얼마 전만 하더라도 일부 우파가 말했던 것을 이제는 정부와 좌파 성향의 정치인·학자까지 말하게 된 것은 그야말로 일본사회 자체가 역사수정주의에 끌려가고 있다는 증좌일 것이다.

2017년 현재, 미국의 일본계 미국인사회는 커다란 전환을 맞고 있다. 그 이유 중의 하나는, 트럼프 정부의 반이민·반무슬림적 정책이 주목을 받고 있는 가운데, 일찍이 일본계라는 이유만으로 박해를 받았던 역사를 기억하고, 현재 권리를 위협받는 이민자나 무슬림들과 어떻게 연대해야 할 것인가라는 과제다.

　그러나 또 하나는, 일본정부가 역사인식 문제 등을 둘러싼 '대외발신'을 목적으로 거액의 예산을 할당한 결과, 일본정부의 일본계 미국인단체에 대한 영향력이 점점 강해지고 있는 점이다. 그 결과, 한층 더 '아시아계 미국인'으로서의 의식이 강해져 정치적으로 좌파성향을 띤 젊은 일본계 미국인들과, 그들 단체를 운영 또는 재정지원을 하는 일본계 미국인 지도층과의 대립이 심화되고 있다. 일본에서도 미국에서도 한동안은 일본의 역사수정주의의 영향은 쉽게 가라앉을 것 같지 않다.

—

제3장

사죄는 누구에게, 무엇을 위해 하는 건가?

— '위안부' 문제와 대외발신

테사 모리스 스즈키(Tessa Morris – Suzuki)

마우마우(Mau Mau) 추모비

2015년 9월, 케냐 공화국 수도 나이로비(Nairobi)에 있는 공원에서 한 동상 제막식이 거행되었다. 1950~1960년대 격렬한 독립전쟁을 전개한 전사들과, 대영제국 식민지 정청(政廳)에 의해 수감되어 고문을 받거나 살해당한 자들의 유족과 그 관계자, 그리고 케냐 일반시민들이 제막식을 지켜보고 있었다.

케냐 독립투쟁에서 폭력으로 진압된 피해자와 그 유족 5,228명이 2013년 사죄·배상 청구소송을 제기했는데, 소송에서 내려진 사법결정에 따라 영국정부가 세운 것이 바로 이 동상이다. 그 재판에서는 식민지 지배자와 피지배자 사이에 합의가 이뤄졌고, 그 합의 내용에는, 영국정부의 '통절한 뉘우침(profound regret)'의 공식표명과 함께 3,000억여 원 규모의 피해자구제기금 조성이 포함되었다.

이것으로 이 이야기가 끝난 것은 아니다. 연구자의 조사에 의하면, 약 9만 명의 마우마우 지지자들은, 식민지 정청과 그 관할 하에 있었던 자들에 의해 고문을 당하거나 학살당했다. 그리고 약 12만 명이 극히 열악한 감옥과 수용소에 장기간 구속되었다.[1] 식민지 정청에 의해 수감된 자들 중에는, 잘 알려진 바와 같이, 미국 44대 대통령 버락 오바마(Barack Obama)의 조부도 있었다. 아직도 수많은 피해자들에 대한 배상은 남아 있다. 새로운 배상청구 소송은 2016년에 심의가 시작되었다.

동아시아에서 1만 킬로미터 이상이나 떨어진 곳에서 전개되고 있는 이러한 일로 이 원고를 쓰기 시작한 것은, 식민지주의가 남긴 유형의 상흔과 무형의 기억은 전 세계로 퍼지고 있음을 알리고 싶었기 때문이다.

식민지주의의 폭력과 불의에 대해 국경을 넘어 비교하는 것은, 식민지주의가 행해온 만행에 대한 추악한 자국(自國) 정당화와 부딪힐 위험성이 있다. "다른 식민지주의 세력이 저지른 것에 비하면, 우리나라가 팽창정책 하에서

---

1 BBC 2015, Elkin 2010, Anderson 2011.

한 것은 훨씬 낫다. 병원을 지었다. 학교교육을 보급시켰다. 교통·통신망 등을 정비했다"는 식으로….

그러나 그와 같은 주장이 자국의 식민지주의 본질을 정당화하는 것은 아니며, 또 정당화해서는 안 된다. 20세기 전반까지 지구를 덮은 식민지주의제국은 어떤 의미에서도 차별·배제·불평등 그리고 노골적인 폭력에 의해 지배당한 것임이 분명하고, 그러한 부정적 유산을 인지하여 과거의 불의를 시정하려는 노력이야말로 가해자·피해자 쌍방 간에 상호이해와 화해의 길을 여는 것이기 때문이다.

멀리 떨어진 아프리카 땅에서 일어난 사실, 그리고 현재 진행되고 있는 사실에 비추어 일본을 뒤돌아보면, 거기에는 보통 우파라 불리는 사람들의 일본식민지주의 역사를 바꿔 쓰려는 시도가 눈에 띈다.

패전한 지 70년이 되는 2015년 8월 14일, 아베 신조 총리는 「패전 후 70년 담화」(이하 「70년 담화」)를 발표했다. 이 것은 일본 현대사의 기본적인 부분에 대한 잘못된 해석에서 작성된 것이었다.

예를 들면, 구미열강의 제국주의적 보수주의와 경제봉쇄는, 일본이 일으킨 대미전쟁 진주만공습의 원인이었을지도 모르지만, 1931년 만주침략, 그 후 중국에 대한 전면침략의 동기는 되지 않는다. 경제사학자의 정설로는, 제국주의적 보수주의에 선수를 친 것은 오히려 일본제국 쪽이었다. 만주사변 시점에서 세계가 보수주의로 기우는 움직임은 아직 시작되고 있지는 않았다. 영국이 국내 특혜관세를 제정한 것은 1932년이 되고나서부터였다. 「70년 담화」 중에서, 아베는 중국침략에 대한 배경으로, 구미열강에 의해 행해진 일본에 대한 경제봉쇄를 들고 있는데, 그것은 일본의 중국침략에 대한 대항·제재조치였으며 그 원인이 아니었다.

1931년에 일어난 사건의 주된 요인은 당시 일본 군부와 문민정부와의 알력, 자원 확보 및 생활권 확장이 필요했던 일본제국의 야망, 경제적·사회적 문제에서 발생한 일본 국내의 급진적 내셔널리즘의 발흥, 그리고 중국 동북부의 제도부패와 정정(政情)·사회불안 등등이었다. 5족협화[2]와 왕도낙토(王道樂土)[3]를 표방하고 만주국을 건설하고 일본제국은 1937년에 중국에 대한 전면적 침략을 개시했다. 이것도 구미열강에 의한 경제봉쇄가 원인이 아니

---

2 일본이 만주국을 세웠을 때의 이념. 5족은 일본인·한인·조선인·만주인·몽고인.
3 만주국 건국 때의 이념. '왕도'는 서양의 무력에 의한 통치가 아니라 동양의 덕에 의한 통치를 말하며, '낙도'는 아시아적 이상국가를 표방.

라, 중국에서 대두한 내셔널리즘으로부터 일본제국이 대규모 이익을 지키려는 시도였던 것이다.

「70년 담화」에서 보여준 아베의 역사관은, 말하자면 시험에서 중국침략의 원인을 물었는데, 설문을 이해하지 못하고 미국과의 전쟁 원인을 답한 학생의 인식과 다를 바 없는 것이었다. 어쨌든, 그 역사관에서는, 일본이 행한 조선 식민지화와 타이완 식민지화(1895년)를 전혀 설명하지 못하고, 또 1931년 이전부터 이미 일본군이 중국대륙에 대규모 주둔하고 있었던 사실도 무시하고 있다. "침략한 것은 구미열강에 의해 막다른 골목으로 몰렸기 때문이다"고 하면서 침략자와 피해자의 경계를 애매하게 하며 일본제국 전쟁사를 설명한 것이었다.

이처럼 「70년 담화」는, 그 역사해석이 기본적인 부분에서 잘못 인식되었음에도 불구하고, 다음 부분에서 주목을 집중시켰고 수많은 일본국민의 공감을 불러일으켰다.

일본에서는 전후세대가 바야흐로 인구의 80퍼센트를 넘고 있습니다. 그 전쟁과는 아무런 관련이 없는 우리의 자손, 그리고 그 다음세대 후손들에게 계속 사죄해야 하는 숙명을 짊어지게 해서는 안 됩니다(「70년 담화」 2015년).

담화 후 『아사히신문』이 조사한 여론조사에서는, 위 내용에 "공감한다"고 답한 자가 63퍼센트로 "공감하지 않는다" 21퍼센트의 3배였다.[4]

'연루(連累, implication)'라는 개념

패전 후에 태어난 세대에도 전(前) 세대가 저지른 전쟁과 불의에 대한 책임과 사죄의 의무는 존재하는 것일까.

유럽의 쇠퇴한 제국(영국)에서 태어나고 자라 교육을 받고, 그 식민지주의 결과에 의해 성립된 국가(오스트레일리아)로 이민을 가, 아시아의 과거 식민지제국(일본)을 연구하는 나는, 기억과 역사적 책임 문제를 고찰할 때, 글로벌화한 포스트콜로니얼(Postcolonial)[5]한 상황 하에서의 역사적 책임문제는 그 복합성과 복잡성으로 나를 경직시킨다.

1980년대에 영국에서 오스트레일리아로 이주한 나는, 오스트레일리아 원주민 애버리진(aborigine)에 대해, 과거에

---

4 『아사히신문』 디지털 2015년 8월 12일.
5 좁은 의미로는 문예비평의 이론. 식민지주의나 제국주의에 관계되는 문화, 역사 등을 광범위하게 취급하며 비평, 평론을 한다(후기 식민지주의). 광범위하고 다양한 방법론과 문제의식의 집합체다.

저질러진 수탈과 학살 등의 악행과, 그러한 악행을 저지른 나라 출신이며 또한 현재 오스트레일리아에 거주하고 있는 자신과의 관계를 고찰하여, 나에게는 '죄'가 없을지 모르겠지만 연루(連累, implication)되어 있다고 결론지었다.

실제로 직접 손을 대지 않았다하더라도 과거의 불의를 떠받쳤던 '차별과 배제의 구조'가 지금도 남아 있다면 나에게는 그것을 시정할 책임이 확실히 있다.

'연루'라 함은 다음과 같은 상태를 의미한다.

나는 직접 토지를 수탈하지 않았을지 모르지만 빼앗긴 그 토지 위에서 산다. 나는 애버리진 학살을 직접 행하지 않았을지 모르지만, 그 학살의 기억을 말살하는 혹은 풍화(風化)시키는 프로세스에 관여한다. 나는 애버리진을 구체적으로 박해·차별하지 않았을지는 모르지만, 정당한 대응이 없었던 과거의 박해·차별에 의해 성립된 사회에서 생활하고 수익을 누리고 있다.

현재에 이르기까지 애버리진은 차별과 불평등에 직면해있는데, 그것은 기초적인 부분에서 차별과 배제의 구조를 기반으로 한 과거의 수탈이나 학살의 역사와 무관할 수 없다.

20세기 후반부터 21세기를 살아가는 우리는, 과거의 증오와 폭력에 직접 관여하지 않았을지도 모른다. 그러나

과거의 증오와 폭력은 현재 우리가 살고 있는 물질·정신
사회를 이룩(make)해왔다. 그리고 그것들이 가져다준 것
을 해체(unmake)하기 위한 적극적인 행동을 우리가 지금
취하지 않는 한, 과거의 증오와 폭력은 이 물질·정신사회
를 계속 만들어갈 것이다.

'연루'라 함은 법률용어로는 '사후공범(accessory after the
fact)'적 관계성을 보여준다.

즉 '책임'은 우리가 만드는(만든) 것인데, '연루'는 우리
를 만든다(만들었다).

일본의 젊은 세대는 윗세대가 행해온 여러 악행에 직
접적인 '책임'을 지지 않는다. 그러나 그 수많은 악행을
은폐하고 풍화시키고 날조하는 과정에 관여하거나 혹은
그 과정을 묵인한다면, 거기에 '책임'이 발생한다고 나는
생각한다.

과거에 행해진 악행에 직접 관여하지 않았다고 해서
'전혀 관계없다'고는 주장할 수 없는 것이다. 우리가 지
금, 그것을 궤멸시키는 노력을 게을리 하면, 과거의 증오
와 폭력, 역사적 거짓으로 칠해진 차별과 배제는 지금도
이 사회 속에 살아남아 재생산되기 때문이다.

「고노 담화」와 아베 「70년 담화」

이른바 '종군위안부' 문제를 둘러싸고, 당시 내각 관방장관이 발표한 「고노 담화」는, 그 3배에 가까운 단어를 사용하면서도 주어가 없고 애매한 부분이 많은(그래서 앞에서 말했듯이 기본적인 부분에 있어서 잘못된 역사해석을 포함한) 아베의 「70년 담화」와 비교해보면, 다소 아쉬운 부분이 있기는 하나 훨씬 간결하고 요점이 명확했다.

위안소는, 당시 군 당국의 요청에 따라 설치·운영된 것으로, 위안소의 설치 및 위안부 이송에 대해서는, 과거 일본군이 직접 혹은 간접적으로 이에 관여했다. 위안부 모집에 있어서는, 군의 요청을 받은 업자가 주로 이 일을 맡았는데, 그때도 감언, 강압에 의하는 등, 본인들의 의사에 반하여 오게 된 사례가 많았고, 더욱이 관헌 등이 직접 이에 가담한 적도 있었다는 사실이 명백히 밝혀졌다(「고노 담화」 1993년).

원래, 패전 후 일본정치에 있어 우파의 상징적인 존재였던 제 71대 총리 나카소네 야스히로(中曽根康弘)나, 산케이신문사 사장이었던 시카나이 누부타카(鹿内信隆)는, 제국해군주계사관(帝国海軍主計士官)[6] 시절에 위안소를 설립·관리한 사실과 또 그것에 관해 군내부에서 교육받은 사실을 저서 등을 통해 자랑스러운 듯이 서술하고 있다.[7] 따라서 「고노 담화」에서, 일본이 국가로서 위안소 설립 및 그 모집에 책임이 있다는 것을 인정한 것은, '그걸 이제서 말하는 거야?' 할 정도로 지극히 당연한 것이었다.

그럼에도 불구하고 「고노 담화」는 '위안부'에 대한 국가의 직접적·간접적인 관여를 공식적으로 인정했다는 점에서 당시로서는 획기적인 일이었다. 또 그 때문에 일본 정치에서 우파에 서있는 자들, 특히 집권당 내부의 역사 수정주의자들로부터 신랄한 비판을 받았다.

「고노 담화」는 일본이 국가로서의 책임을 인정하고, 그리고 피해자들에게 명확히 사죄했다는 점에 있어서 국제사회에서도 높게 평가받았다. 그러나 이하 이어지는 부분이야말로 현재를 살고 있는 자들이 절대로 망각하지 않고 실천해가야 하는 부분이라고 나는 생각한다.

---

6 일본제국 해군에서 서무, 회계, 피복, 식량 등을 담당하는 주계(主計)요원.

7 「23세 때 3,000명을 거느린 총지휘관」마쓰우라 다카노리(松浦敬紀) 편저 『끝이 없는 해군-젊은 세대에게 전하고 싶다 남기고 싶다』 문화방송(文化放送)개발센터출판부, 1978년. 사쿠라다 다케시(桜田武), 시카나이 노부타카 『지금 밝히는 패전 후 비사』 상·하, 산케이출판, 1983년.

우리는 이 같은 역사의 진실을 회피하지 않고, 오히려 이것을 역사의 교훈으로 삼아 직시(直視)해가겠다. 우리는 역사연구, 역사교육을 통하여, 이와 같은 문제를 영원히 기억에 남겨, 똑같은 과오를 되풀이하지 않는다는 굳은 결의를 새롭게 표명한다.

반대로 「70년 담화」는 '위안부'에 관련된 국가의 직접적·간접적인 관여에는 언급하고 있지 않다. 아니 애초부터 '위안부'라는 단어 사용조차 피하고 있었다.

아무런 죄도 없는 사람들에게 셀 수 없는 손해와 고통을 우리나라가 주었다는 사실. 역사는 실로 되돌릴 수 없는 가혹한 것입니다. 개인에게는 개인의 인생이 있고, 꿈이 있고, 사랑하는 가족이 있었다. (중략)
우리는 과거 20세기, 전시 하, 많은 여성들의 존엄과 명예에 깊은 상처를 준 과거를, 영원히 가슴에 새기겠습니다.

그렇다면, 어떻게 '이 가슴에 계속 새기'려 해왔던 것일까. 실제로 해온 것은 역사교과서의 '위안부' 관련사항의 삭제였고, '고노 담화 작성과정 검증'이었다.
이 움직임이 국제사회에 보여준 것은, 아베 총리 자신이

"전체적으로 계승한다"고 명언한, 「고노 담화」에 실려있는 "역사연구, 역사교육을 통하여 이와 같은 문제를 영원히 기억에 담아, 똑같은 과오를 절대로 되풀이하지 않는다"고 하는 '굳은 결의'를, 완전히 버린 것이었다. 아니 그뿐 아니라 역사수정주의를 향한 부끄럽지 않은 비약의 시작이었다.

「70년 담화」에 앞서 2014년 9월 5일, 스가 요시히데(菅義偉) 관방장관은, 정례 기자회견에서 "정부의 입장, 정부의 검증 중에는, (위안부에대한) 군과 관계자에 의한 이른바 강제연행을 의미하는 기술은 발견되지 않았다"고 말했다. 그리고 인도네시아 수용소에서 일어난, 유럽 여성들을 위안소로 연행한 것도 포함되어 있는가 하는 기자 질문에 대해서도, "인도네시아 사업도 조사가 끝났으며, 강제연행을 보여준 부분은 발견되지 않았다는 것이 정부의 견해"라고 답하고 있다.

얀 루프 오헤른(Jan Ruff O'Herne) 이야기

이 기자회견에서 나온 일본 점령군 하의 인도네시아에서 일어난 케이스에 대해 짚어보겠다.

피점령민으로 스마랑(Kota Semarang) 수용소에 수용되어 있던 유럽 여성들이 일본군에 의해 연행되어 강간당했고, 일본군 위안소에서 강제로 성노동에 종사하게 되었다는, 일반적으로 '스마랑사건'이라고 알려진 케이스다. 일본군 점령 하의 아시아에서는 일본군에 의한 '위안부' 강제 연행 보고[8]가 많이 존재하고 있는데 그중의 한 예다.

유럽 여성이 '위안부'로 강제연행 당했다고 강조하는 것은, 어쩌면 유럽중심주의 주장처럼 들릴지는 모르지만, 그러한 의도는 털끝만큼도 없다. 또 이 케이스는, 피해를 입은 여성의 수, 그들이 위안소에서 강요당한 사실 및 그 기간 등을 생각하면, 가장 비참하고 잔혹한 일은 아닐지도 모른다. 그러나 이 일본 점령 하의 인도네시아에서 일어난 일은 공적 기관에 의해 매우 상세히 검증되었다.

「쿠마라스와미 보고」가 UN인권위원회에 제출되기 2년 전인 1994년, 네덜란드 의회는 '일본 점령 하의 네덜란드 령 인도네시아에서의 네덜란드 여성에 대한 매춘 강요'[9]라는 타이틀로 조사를 시행했다. 이 조사 책임자는,

---

8 Touwen-Bouwsma 1994; Yoshimi, Nishino and Hayashi 2007; 도쿄지재(東京地裁) 平5(ワ)5966호, 17575호, 平10.10.9, 民15부 판결, 도쿄지재(東京地裁) 平6(ワ) 제1218호, 平10.11.30, 민사 제6부 판결, Netherlands Temporary Court-Martial at Batavia 1964 등.

9 Forced Prostitution of Dutch Women in the Dutch East Indies during the Japanese Occupation, Tweede Kamer der Staten-Generaal, 1994.

국제적으로도 저명한 역사가이며 법률가이기도 한 바르트 판 폴헤이스트(Poelgeest, Bart van)였다. 그는 방대한 양의 역사자료와 증언 등을 조사하고, 매우 신중한 단어로 작성된 보고서를 네덜란드 의회에 제출했다.

보고서에는 일본군과 경찰 사이에, 유럽인 수용 여성들에게 위안소에서 노역을 시키는 것에 관해 의견의 차이가 있었다고 기록되어 있다. 그 타이틀에서도 알 수 있듯이, 이 보고서에는 유럽 여성들 특히 네덜란드 국적의 여성이 주된 대상으로 다루어졌고, 인도네시아인, 파푸아뉴기니인, 그리고 그 밖의 아시아·태평양 지역 여성들의 '위안부' 징용에 관해서는 그것을 주 대상으로 취급하지 않았다. 그러나, 예를 들어 '반일활동'을 했다 하여 남편은 일본군에게 처형당하고, 남겨진 아내는 위안소로 연행된 파푸아뉴기니 여성 등의 매우 잔혹한 예는 다른 케이스의 방증으로 기록되어 있다.

일본군에게 점령당한 지방에 사는, 그리고 대부분의 경우, 적성국민수용소(敵性國民收容所)에 수용되어 있던 유럽 여성들 입장에서, 위안소 연행을 스스로 거부하기는 매우 힘들었다고 네덜란드 의회 조사보고는 적시했다. (가끔 일본군정 하에 있는 현지경찰의 지원도 받은)일본군과 경찰이 유럽 여성을 자유의사에 반하여 연행한 몇몇 케이스에 대해서는 곡해, 과장을 피할 목적 때문이었는지 표현에 있어 끝내 '강제연행'이라는 단어를 사용하지 않았다.

그럴 정도로 신중한 '강제연행'의 정의에 의하면, 1943년 중엽까지 유럽 여성이 위안소로 '강제연행'된 사실을 보여주는 명확한 증거는 존재하지 않는다. 그러나 그 후로, '일본제국 육군과 헌병대에 의한 직접적 폭력행사를 포함한 「강제연행」은, 일본군정 정책의 일환으로 명확히 특징지어졌다'.

그리고 1943년 중기부터 일본 패전까지, '인도네시아의 일본군 위안소에서는 200~300명의 유럽 여성들이 일을 하고 있었는데, 그중 약 65명은 명백한 폭력에 의해 연행되어 온 여성들이었다'.

이 네덜란드 의회 조사보고서에, 나중에 허위임이 판명된 「요시다 세이지(吉田清治)증언」 인용 등이 단 한 줄도 없는 것은 당연하다(이 보고서에는 '스마랑사건'뿐만 아니라 마겔랑(Magelang),[10] 플로레스(Flores)[11] 등지에서 일어난 8개 사례에 대해서도 검증되어 있다).

매우 신중히 외교적 언어를 사용하여 작성된 네덜란드

10 인도네시아 자바섬 도시.
11 인도네시아 남부 수순다 열도 남부 섬.

의회 조사보고서에서, 위안소에 대한 '강제연행'에서 성노동을 강요받았다고 인정되는 65명의 여성 중 한 사람이 얀 루프 오헤른(Jan Ruff O'Herne)이었다.

루프 오헤른은 일본군 위안소에서 풀려나, 후에 오스트레일리아로 이주했다. 현재 93세로 남 오스트레일리아에 살고 있다. 그녀에게 있어서 1944년 2월부터 경험한 지옥의 나날을 이야기하는 것은 매우 어려운 일이었다. 그러나 50년의 침묵을 깨고 그녀 자신의 체험을 「자서전」으로 출판하여 강제로 '일본군위안부'가 되어버린 여성들에 대한 정의(正義)를 요구하는 상징적 존재가 되었다.

지금은 수도 캔버라(Canberra)에 있는 전쟁기념관 웹사이트[12]에서 그녀의 이야기를 읽을 수 있다.

그녀와 9명의 젊은 여성들이 일본군 병사에 의해 스마랑의 수용소에서 위안소로 어떻게 끌려갔는지, 그녀의 이야기에 잘 묘사되어 있다.

4개월 동안 내내 10명의 소녀들(전원 처녀였음)에게 밤낮 가리지 않고 강간과 폭행을 반복했다. 임신한 소녀는 강제로 낙태시켰다.

---

12 https://www.awm.gov.au/exhibitions/alliesinadversity/prisoners/women/

『아사히신문』의「요시다세이지 증언」오보에 관한 NHK방송의 한 프로[13]에 등장한 아베 신조 총리는, (「요시다 증언」과 『아사히신문』의 오보 때문에) "일본병사들이 납치범처럼 어린아이를 납치하여 위안부 일을 시켰다"고 모두가 인식하게 되어버렸다고 발언했다. 그러나 일본병사들은, '납치범처럼' 나이 어린 루프 오헤른을 '납치하여 위안부 일을 시킨' 것이 엄연한 사실이 아닌가?

일본 우파에 속해있는 논객들은, 이러한 검증된 증언에서 나온 폭력에 대한 책임을 부정할 목적에서인지 다음과 같이 주장하고 있다. 즉, 현지 군사령관은 후에 (루프 오헤른그룹이 연행된) 위안소 폐쇄를 명했고, 이 사건에 깊이 관여한 병사들은 패전 후 네덜란드 전범재판에서 형을 받았다고. 그러나 1994년 네덜란드 의회 조사보고서는, 이 위안소는 폐쇄되었지만, 동시에 스마랑 헌병대에 의해 17명(7명의 유럽 여성이 더해짐)이 플로레스에 있는 일본군 위안소로 '강제연행'되었다고 지적하고 있다.

폴헤이스트(Poelgeest) 보고 발표 후 1998년에 일본정부와 네덜란드정부는, 당시 일본군에 의해 강제로 성노예가 된 네덜란드 여성 피해자들에 대한 배상(atonement) 지원

13 〈일요보론〉 2014년 9월 14일 방송.

프로젝트에 합의했다.

그리고 16년이 지난 2014년, 일본정부는 스가 요시히데(菅義偉) 관방장관을 통해, 일본국민과 전 세계에 '위안부' 강제연행은 존재하지 않았다고 주장했다.

그리고 현재에 이르기까지 '성노예'는 존재하지 않았다고 일본정부는 주장하고 있다. 그러나, 나중에 '위안부'에 관한 성노동을 목적으로 하는 '인신매매' 부분은 인정하면서도(2015년 4월 28일 오바마 미국 대통령과의 공동기자회견에서 아베가 발언), 또 '위안부'들에게는 실질적으로 이동과 선택의 자유가 아주 제한적이었던 것을 알고 있으면서, 그것은 '성노예'가 아니라고 주장하는 일본정부의 기묘한 변명은 생각건대 일본 국내 일부에서밖에 통용되지 않으며 국제적으로 통할 수 있는 논리가 될 수 없다.

다이쇼(大正, 1912~1926년) 말기에 빅히트였던 《새장의 새(籠の鳥)》라는 가요가 있다.

만나고 싶고 보고 싶은 마음에 두려움을 잊고
어두운 밤길을 혼자서
만나러 왔는데도 왜 밖으로 나가 만나지 못할까
내(내가 부르는) 목소리를 잊은 걸까
당신(당신이 부르는) 목소리를 잊지 않았지만

나가려해도 나갈 수 없는 새장의 새 (이하 생략)

작사 치노 가호루(千野かほる)[14]

다이쇼 말기의 이른바 '업자'들이 경영하는 창녀촌 여성들 대부분은 '나가려 해도 나갈 수 없는 새장의 새'였다. 만주사변 이전 국내가 그런 상황이었다면, '인신매매'로 끌려온 여성들의 대우·환경이, 전쟁터에서 널리 개선되었다는 증언은 도저히 성립될 수 없다. 급료의 지불 여부의 문제가 아니라, 이동과 선택의 자유가 제한된 상황 하에서 성노동을 강요받은 자들을 국제기준에서는 '성노예'라고 부른다.

2014년 9월의 정례기자회견에서 밝혀진 스가 관방장관의 주장에서, 논리적으로 도출할 수 있는 '위안부' 강제연행문제에 관한 일본정부의 입장은 나의 이해 범위 내에서는 다음과 같다.

(1) 일본군 점령 하의 인도네시아에서 유럽 여성 및 그 밖의 여성들을 '위안부'로 강제연행했다는 네덜란드 의

14 본명 돗토리 슌요(鳥取春陽), 다이쇼시대 거리공연가수(街頭演歌師), 시앙음악 기법을 수용하여 대중기요를 칭각.

회 보고는 허위다.

(2) 얀 루프 오헤른을 비롯하여, 아시아 각지에서 일본 군에 의해 위안소에 강제로 끌려왔다고 주장하는 여성들은 전원 거짓말을 하고 있다.

(3) 오스트레일리아 전쟁기념관은 루프 오헤른 이야기를 웹사이트에 올려, 그 허위를 확산시켜 '일본인의 자긍심'을 훼손시키려고 한다.

(4) 미합중국 하원 121호 결의(「종군위안부 문제에 관한 대일본사죄 요구 결의」)에서, "일본제국 육군이 젊은 여성들을 성노예로 강제연행했다"고 주장하는 미국 의회도 동일한 죄다.

(5) 미합중국 하원결의뿐만 아니라, 네덜란드 하원결의(2007년 11월), 캐나다 하원결의(2007년 11월), EU의회결의(2007년 12월), 필리핀 외교위원회결의(2008년 3월), 타이완 입법원 결의(2008년 11월) 등은, 모두가 허위와 왜곡으로 일본을 곤경에 빠뜨리려는 목적에서 행해진 의회결의다.

위의 견해가 정당하다면, 일본정부는 즉시 해당국가에 공식 채널을 통해 정정과 사죄를 요구해야 하지 않을까.

보내온 2권의 책

2015년 10월, 나에게 영어로 쓴 2권의 책이 배송되었다. 보낸 사람은 자민당 참의원 의원이면서 일본에서 국제정치학자로 알려진 이노구치 구니코(猪口邦子), 주소는 후지산케이 커뮤니케이션즈 인터내셔널이었다.

첫 번째 책은 『Sonfa Oh, Getting Over It!: Why Korea Needs to Stop Bashing Japan』[15], 두 번째 책은 The Sankei Shimbun, 『History Wars: Japan-False Indictment of the Century』[16]였다.

동봉한 이노구치 구니코의 편지에는, 자신이 예일대학에서 박사학위를 취득하고, 30년 이상 조치(上智)대학에서 가르쳤다는 것, 그리고 정치에 입문한 후의 이력 등 자기소개를 한 뒤 다음과 같이 쓰고 있었다.

15　원본은 오선화 『왜 「반일한국에 미래는 없는」 것인가』 小学館新書, 2013년. 이 책의 영역판은, 종교법인 월드 메이트 후카미 도슈(深見東州)가 맡고 있는 다치바나출판.

16　산케이신문사 『역사전─아사히신문이 세계에 뿌린 '위안부'의 거짓을 성토한다』 산케이신문출판 2014년 영일대역 다이제스트판. 일본어 타이틀은 산케이신문사, 고모리 요시히사(古森義久) 감수·번역 『역사전─세기의 속죄는 왜 일어났는가』 산케이신문출판, 2015년.

동아시아에 있어서, 20세기의 이 지역 역사는, 현재 국내적인 정치적 야심에서 움직이는 자들이 있기 때문에 잘못 왜곡되고 있습니다. 더 안 좋은 것은, 이 왜곡된 역사는 미국의 몇몇 지역에도 전해지고 있습니다.[17]

이것은, 영어권 정치인·저널리스트·연구자들은 동봉한 책으로 공부하여 왜곡된 역사인식을 수정하시오라는 의미인 것 같다.

첫 번째 책 『Getting Over It!』에서 오선화(吳善花)[18]는, 한국은 역사와 그 인종적 성격에 뿌리박힌, 고치기 힘든 편협한 내셔널리즘과 편견을 가진 나라여서 일본은 한국과 단절해야 한다,라고 노골적인 인종주의적 주장을 전개했다. 일본으로 귀화한 원래 한국인이었던 그녀는, 일본의 조선반도(한반도) 식민지 지배는 "조선을 착취하기 위한 정책을 실시하지 않았고" "통치에 있어 무력적 탄압을 하지 않았고" "언론의 자유제한도 철폐"하여 서양과 같은 비인도주의적이고 약탈적인 식민지주의와는 정반대였다고 주장했다.

---

17 야마구치 도모미 번역. 야마구치 「이노구치 구니코로부터 돌연 책이 왔다―'역사전'과 자민당의 '대외발신'」 SYNODOS 2015년 10월 2일.
18 한국 제주도출신 평론가, 일본연구가. 한국국적이었으나 일본으로 귀화. 친일파로 한국을 비하하고 일본 우익을 옹호하는 활동을 하고 있음.

마치 전쟁 전 일본제국의 프로파간다와 유사한 주장인
데, 그 어느 것도 영어권뿐만 아니라 전 세계의 일본 및
아시아 연구자들에게는 실증성(實證性)이 없는, 어쩌면 일
종의 처음 접하는 정보의 나열이었을 것이다.

두 번째 책 『History Wars』에서는 「고노 담화」에 막무
가내의 조소와 비난을 퍼붓고 있다. 『산케이신문』이 지지
하고 있는 아베가, 「70년 담화」에서 '그대로 유지하겠다
고 약속한' 「고노 담화」였을 텐데 말이다.

산케이신문사가 출판한 이 책은, 일본군 또는 관리의
직접적인 관여로 일부 '위안부'가 의사에 반하여 징용당
했다고 적시한 「고노 담화」에는, 그것을 입증하는 사료가
존재하지 않는다고 말한다. 말하자면 이 책은 주로 아베
정권이 설립한 '고노 담화 작성과정 등에 관한 검토팀'(좌
장 다다키 게이이치[但木敬一] 전 검찰총장)이 「위안부 문제를 둘
러싼 한·일간의 의견교환 경위~고노 담화 작성부터 아
시아여성기금까지~」라는 타이틀로 2014년 6월에 제출
한 보고서를 천박하고 과격한 언어를 사용하여 개작한
것이다.

생존해 있는 한국의 '위안부'들은 금전적인 대가의 약
속을 믿고 거짓증언을 했다, 또 「고노 담화」 발표 당시의
일본정부는 한일관계에 심중한 나머지, 근거가 없음을 알

면서 사죄했다―이 같은 논리로 '위안부'들과 「고노 담화」를 매도한다.

방대한 사료를 거의 무시하고, 또 한일 간 행해진 교섭을 제멋대로 해석하여 발표한 '고노 담화 작성과정 등에 관한 검토팀'의 보고는, 고노 요헤이(河野洋平) 전 관방장관도 비판했다. 또 「고노 담화」 발표 이후, 20여년에 걸쳐 요시미 요시아키(吉見義明) 추오(中央)대학 교수, 하야시 히로후미(林博史) 간토가쿠인(関東学院)대학 교수를 비롯한 많은 연구자들이 일군 수많은 자료와 연구를 전면적으로 무시하고 부정했다.[19]

이러한 「역사수정본」의 영어판이, 일본의 광신적 우익 단체에 의해 해외로 배포된 것이라면 어느 나라에도 존재하는 '후안무치'들의 활동 정도로 나는 그리 놀라지 않았을지도 모른다. 그러나 이 책들을 나에게 보낸 자는, 일본의 저명한 국제정치학자이며 또한 정부 여당인 자유민주당의 유력한 멤버였던 것이다.

19 사료 목록은 http://wam-peace.org/koubunsho/ronbun.html 참조.

대외발신과 역사수정주의본의 해외배포

자유민주당 외교·경제연대본부·국제정보검토위원회 (하라다 요시아키[原田義昭] 위원장)는,『아사히신문』이 보도한 「요시다 세이지 증언」을 근거로, '국제사회가 우리나라 역사인식'을 왜곡하게 된 것을 이유로(2015년 6월 성명), "국가의 주권과 국익을 수호해가기 위해서는 단순한 '중립'과 '방어' 자세를 가다듬고, 보다 적극적으로 정보를 발신할 필요가 있다"고 같은 해 9월에 결의했다.

이노구치 구니코는 그 위원회의 멤버인 것 같다. 이 두 권의 '역사수정주의본' 해외 발송은, '적극적으로(해외를 향해) 정보를' 발신하는 캠페인의 전술 중 하나였을 것이라고 나는 이해하고 있다.

일본 국내 일부에서만 통용되는 광신적인 주장이 열거된 책을, 해외 '지식인들' 앞으로 보낸 것은 아무리 생각해도 '국제정치학자'로서 상식에서 벗어난 행동이다.

이 건에 관해 이노구치 구니코는 2015년 10월 22일 TBS라디오 〈오기우에 치키(荻上チキ) Session-22〉에서 인터뷰를 했다.

오기우에: 확인 치 어쯤습니다만, 단순히 다양한 의견

을 이해해주기를 바라는 취지에서 책을 보낸 것이고, 이러한 의견을 수용해달라는 내용에 찬동하여 보내신 것은 아니라는 것이죠?

이노구치: 다양한 의견으로서, 참고자료로 보낸 겁니다.

2015년 12월 7일 『아사히신문』 조간 「(패전 후 70년) 애국 동영상, 시대를 반영하다」라는 제목의 특집기사에서도 이노구치는 이와사키 쇼노스케(岩崎生之助) 기자 취재에, "책 내용에 찬동한 것은 아니다. 영향력이 있는 해외 사람들에게 다양한 의견을 전하고 싶어서" 200명이 넘는 사람들에게 책을 보냈다고 답했다.

이노구치가 어떤 변명을 하든, 다음의 오기우에 치키의 지적은 본질을 자극한다.

오기우에: (전략) 왜 하필이면 이 두 권의 책인가가 신경이 쓰입니다. 예를 들면 영어로 되어 있는 책이라면 역사학자 요시미 요시아키 씨가 쓰신 책도 영어로 되어 있다고 생각합니다만, 굳이 그것이 아니고 산케이신문사 책을 보냈다는 것이지요. (중략)

이노구치: 그러니까 다른 책을 보내는 것도 충분히 생

각할 수 있습니다. 단지 영어로 되어 있어 그 점이 꽤 장해요소인 것이지요.

영어판이라도, 왜 굳이 이 책을 선택한 것인가,라는 오기우에의 질문에 이노구치는 답을 피했다.[20]

역시 이노구치도 자신이 해외로 발송한 책이, '부끄러운 역사수정본'임을 인식하고 있었는지도 모른다.

「고노 담화」를 부정하고, 일본의 식민지주의 및 전시(戰時) 폭력의 기록을 고치려는, 이 역사수정주의에 근거한 일련의 캠페인은 '애석한 마음(痛惜の念)'과 '전시 하, 수많은 여성들의 존엄과 명예에 깊은 상처를 준 과거를, 영원히 이 가슴에 새길' 것을 국제사회에 약속한 「70년 담화」의 아베의 문장과는 명확하게 상반된다. 그것을 아베 내각이 후원하는 정권당 주요인물들이 당의 방침으로 실행시키고 있다.

제3차 아베 개각에서 수상보좌관으로 취임한 가와이 가쓰유키(河井克行) 등은, 미국을 방문했을 때 이 두 권의 책을 의회 관계자들에게 직접 건네 실소를 샀다. 그러한 움직임을 해외에서(일본 국내에서도 마찬가지겠지만) 바라보고

20 http://www.tbsradio.jp/ss954/2015/10/post-314.html.

있으면, 일본정부가 행동하고 있는 정합성(整合性)[21]의 치명적 결여와 기본적인 부분의 논리적 파탄에 나는 현기증을 느낄 정도다.

이 비극적이고 자기파괴적인 '역사전'을 전개하는 것은, 지금까지 곤란한 상황 하에 있으면서도 과거 폭력의 상처를 치유하기 위해 꾸준히 활동을 해온 일본의 많은 시민사회운동그룹들의 헌신적인 노력을 헛되게 할 뿐만 아니라, 국제사회에서의 일본의 입장을 심하게 훼손할 뿐이다.

산케이신문사의 『역사전』에는 3인의 추천 글이 게재되어 있었다. 그중 하나, 도쿄기독교대학 교수 니시오카 쓰토무(西岡力)의 글에는 이러한 문장이 보인다. "악의를 가지고 일본을 무시하는 세력에게 먼저 사죄하고 성의를 보이는 일본 외교가 얼마나 잘못됐던 것인가를 잘 알 수 있다."

그러나 영어판으로 된 이 책을 수신하거나, 직접 건네받은 대부분의 일본연구자, 의회관계자, 저널리스트들에게는 '악의' 아니면 단순히 일종의 '신앙' 때문인지는 확실하지 않으나, 도대체 누가 '일본을 무시하고' 있는가는

21 무모순성.

명확해졌다.

일본정부는 2015년도에 홍보외교예산을 약 5,000억 원 늘려(총액 약 7,000억 원), 적극적으로 '전략적 대외발신' 을 하고 있다고 한다. 그러나 이 막대한 예산이, '미국을 주 전쟁터'로, 한중 양국을 상대로 '위안부'와 난징대학살 에 관련된 무익한 '역사전'을 하기 위한 전쟁비용으로 쓰 인다면, 국제사회 속에서의 일본의 고립은 더욱 깊어질 뿐이다.

정부 간 합의가 있어도 역사는 바뀌지 않는다

역사라는 것은, 사료·사적·자료·증언 등을 꼼꼼히 분석·검증·판단하고 연관·취합시켜 지그소 퍼즐(jigsaw puzzle)의 전체 도표를 그려가는 끝없는 그리고 성실을 필 요로 하는 작업이라고 나는 생각한다. (불합리하거나 상황적으 로 불리한 부분이 소각되기도 하고 은폐되기도 하는 경우도 많은) 정부 자료만이 역사의 전체 그림을 만드는 일은 절대로 없다.

때로는 적절한 부분에 잘 맞춰지지 않는 증언에 부딪 히는 경우도 있고, 또 전체그림과 모순되는 자료를 발견 할 수노 있을 것이다.

그러나 한 조각이 지그소 퍼즐의 전체그림을 보여주는 일은 절대로 없다. 히틀러가 서명한 "유태인을 가스실에서 근절시켜라"고 한 명령서는 발견되지 않았다. 또 나치스 독일에 의해 살해된 유태인의 정확한 수는 아무리 조사해도 알 수 없을 것이다. 그렇다 해서 아우슈비츠-비르케나우(Auschwitz-Birkenau)[22] 강제수용소의 존재와, 그곳에서 살육당한 수많은 유태인의 존재를 부정할 수는 없다. 몇몇의 특정한 조각을 보이며, 난징대학살이나, 일본군정 하에 넓은 지역에서 저질러진 '성노예' 제도를 긍정할 수도 부정할 수도 없다. 그러나 그것은 역사 연구의 부정(否定)이며 역사에 대한 모독이다.

아베정권은 '성노예' 제도와 그 '강제연행'을 부정할 때의 변명으로, "정부의 조사에서는…자료는 확인(발견)되지 않았다"는 식의 프레이즈를 잘 사용한다. 그러나 이 프레이즈는 정말 문자 그대로, 다른 조사·연구로는 '확인(발견)'될 것이 '정부의 조사'로는 의도적인지 아닌지는 잘 모르겠지만, '확인(발견)'되지 않는다는 것을 의미하는 것에 지나지 않는다.

2016년 3월, 아우슈비츠-비르케나우 강제수용소에서

22 독일 최대의 강제수용소이자 집단학살수용소인 아우슈비츠의 2번째 수용소.

간수를 했던 나치스 친위대(ss)[23]원 요한 브라이어(Breyer Johann)를 피고로, '박해 및 대량학살'에 관련된 재판이 독일에서 진행 중이다. 피고는 치매를 앓고 있으며 나이가 이미 90세를 넘었다. 그래도 과거에 저질렀던 죄악에 대한 시정을 게을리 해서는 안 된다는 것이 독일 사법당국의 입장이다. 그리고 그것이 단연코 '독일을 매도하는' 행위가 아닌 것은 말할 것도 없다.

2015년 말, 한국의 윤병세 외교부장관과 일본의 기시다 후미오(岸田文雄) 외무상은 서울에서 회담을 한 후, 일본군위안부 문제는 "최종적 그리고 불가역적(不可逆的)으로 해결된 것을 확인한다"는 성명을 발표했다. 일본의 주요 미디어 보도에 의하면 '최종적 그리고 불가역적'인 해결이라 함은, "한국 측이 '위안부' 문제를 '또다시 문제 삼지 않는다'"는 것을 의미한다고 한다.

생존한 피해자들의 동의도 얻지 않은 '정부 간 합의'가 과연 얼마나 효력이 있을까 나는 잘 모르겠다. 또, 문서로

---

23 1925년 아돌프 히틀러가 만든 소규모 개인경호대로 나치 세력이 커짐에 따라 막대한 경찰력과 군사력을 모아 사실상 국가 안의 국가가 되었다. 1929년부터 해체될 때까지 책임자는 하인리히 히믈러였다. 1946년 뉘른베르크 연합국재판소에서 SS는 범죄난체로 신인되었다.

남기지 않은 '외교합의'와, 기자들의 질문을 금지한 회담 후 기자회견(일반적으로 이것을 '기자회견'이라 하지 않고 '발표'라고 한다. 그러나 일본 보도로는 '기자회견'이라 했다) 등 매우 부자연스러운 '합의'였다.

일본정부 및 일부 일본국민은, 한국 측이 '또다시 문제 삼지' 않으면, '일본군 위안부 문제'는 없어진다고 생각하고 있는 것 같은데 그것은 그야말로 21세기의 세계조류를 무시한 사고방식이며 동시에 잘못된 생각이기도 하다.

게다가 '최종적 그리고 불가역적으로 해결된' 것은 아마도 한국정부에게만 적용되는 것 같다. '한일합의'로부터 2개월도 채 되지 않은 2016년 2월 16일, UN유럽본부에서 개최한 UN여성차별철폐위원회의 대일심사본부에서, 일본정부 대표 스기야마 신스케 외무심의관은 '요시다 세이지 증언'을 잘못 보도한 『아사히신문사』가 "국제사회에 커다란 영향을 끼쳤다"고 지적하면서, "위안부를 '성노예'라고 부르는 것은 '사실에 반한다'"고 발언하고 있다.[24]

이러한 발언이 얼마큼 국제사회에서 '일본을 경멸하고' '일본인의 자긍심'에 상처를 주는지 왜 일본정부는

24 산케이뉴스 디지털판, 2016년 2월 7일.

알아차리지 못하는 걸까.

역사는 부(負)의 유산을 말살하고, 정(正)의 유산만을 상속할 수 있는 것이 아니다. 정(正)의 유산을 '일본인의 자긍심'이라 한다면, 당연히 부(負)의 부분도 수용해야 한다. 거듭 말하지만, '고노 담화'는 역사적 책임을 인정하여 "우리는 이 같은 역사의 진실을 회피하지 않고, 오히려 이것을 역사의 교훈으로 삼아 직시해가겠다. 우리는 역사연구, 역사교육을 통하여, 이와 같은 문제를 영원히 기억에 담아, 똑같은 과오를 되풀이하지 않는다는 굳은 결의를 새롭게 표명한다"고 선언했다.

이 '역사연구, 역사교육을 통하여' 몇 번이고 이 문제를 '가슴에 새기는' 것이야말로 '똑같은 실수를 절대로 되풀이하지 않는' 길로 이어진다고 나는 믿는다.

현세대·미래세대를 위한 '사죄'

"과거는 죽지 않는다. 과거는 지금도 살아있다"고 지적한 것은 윌리엄 포크너(William Cuthbert Faulkner, 1897~1962)[25]

25 어니스트 헤밍웨이, 스콧 피츠제럴드, 존 더스패서스 등과 더불어 '로스트 제너레이션'을 대표하는 동시에 제임스 조이스와 비지니아 울

였다(『Requiem for a Nun』 1951).

앞서 말했듯이 「70년 담화」에서 아베 총리는, "그 전쟁과는 아무런 관련이 없는 우리의 자손, 그리고 그 다음세대 후손들에게 계속 사죄해야 하는 숙명을 짊어지게 해서는 안 됩니다"고 주장했다. 그리고 그 주장에 대한 일본국민의 지지는 높았다.

그러나 그 사고방식은 과연 정당한 것인가. 「고노 담화」를 부정하려는 사람들의 언동을 검증해보면, 지금의 일본사회에는 과거의 불의를 지탱해온 차별과 배제의 구조가 아직도 농후하게 존재하고 있음이 느껴진다.

오스트레일리아 원주민에는 '도난당한 세대(the Stolen Generation)'라 불리는 자들이 존재한다. 과거 오스트레일리아 연방정부는, 애버리진과 토레스 해협(Torres)제도 사람들의 자손들을 '백인문화에 동화시킬' 목적으로, 부모와 가족으로부터 분리시켜 기숙사나 교회 등에서 집단교육을 시킨 적이 있다. 이러한 오스트레일리아 연방정부의 정책으로 등장한 세대가 바로 '도난당한 세대'다.

이 잔혹한 정책은 1905년에 시작하여, 1970년대 중반까지 계속되었다고 한다. 선의에서 시행한 정책이기 때문

프, 마르셀 프루스트와 함께 서구의 모더니즘 문학을 이끈 20세기 최고의 작가 중 한 사람.

에 사죄나 배상을 할 필요가 없다고 주장하는 보수계 정치인(예를 들면, 존 하워드[John Winston Howard] 전 수상)들도 존재했지만, 국가 차원에서의 공식사과가 2008년 2월 13일, 케빈 러드(Kevin Michael Rudd) 수상(당시)에 의해 오스트레일리아 연방의회에서 이루어졌다. 과거에 저지른 과오를 시정하는 것에는 너무 늦다는 공식은 없다.

이 국제사회에서 주목받은 "Kevin Rudd 'SORRY SPEECH'"는 지금도 인터넷 동영상[26]으로 볼 수 있다.

그러나 이 'SORRY SPEECH'로 문제가 '최종적 그리고 불가역적'으로 해결된 것은 물론 아니다. 과거에 저지른 과오에 대한 사과는 당연히 피해자들에게 해야 한다. 지금도 존재하고 있는 그 불의를 지탱해온 구조를 시정할 목적으로 현세대·미래세대를 위해서 말이다.

---

26 https://www.youtube.com/watch?v=aKWfiFp24rA.

제4장

관민일체의 '역사전'의 행방

야마구치 도모미(山口智美)

남녀공동참획(参劃)[1] 비판과 '위안부' 부정론

2012년 9월, 자민당 총재선에서 "「고노 담화」를 재고하겠다"는 공약을 들고 나와 아베 신조가 당선되었고, 같은 해 12월에 총리에 취임한 이래, '위안부' 문제에 대한 우파의 비난이 격해졌다. 2014년 4월에는, 『산케이신문』이 '역사전' 연재를 개시하였으며, 같은 해 8월의 『아사히신문』의 과거 '위안부' 보도 검증을 계기로, 우파 논객이나 운동가, 나아가 『요미우리신문』, 『산케이신문』과 같은

1 남녀가 사회의 대등한 구성원으로서 스스로의 의사에 따라 사회의 모든 분야에서의 활동에 참여하는 기회가 확보되고 따라서 남녀가 균등하게 경제적, 사회적 및 문화적 이익을 향수(享受)할 수 있으며 동시에 책임을 지는 것.

우익계 잡지 등의 『아사히신문』에 대한 비판과, '위안부' 문제 부정론이 과열되고 정부도 계속 개입했다.

그러나 실제 보도는 적었지만, '위안부' 문제에 대한 비난은 전부터 계속되어온 것으로 갑자기 생긴 것이 아니다. 1991년, 한국의 김학순 할머니가 자신이 과거 '위안부'이었음을 밝혔을 때부터 현재에 이르기까지, 우파운동에 있어서 '위안부' 문제는 중심적인 위치를 계속 점해왔다.

문화인류학자로 페미니즘운동을 조사하고 있던 나는 2000년대 중엽부터 우파에 대한 필드조사에 관여하게 되었다. 원래는 페미니즘운동에 대한 우파의 비난이 격해진 것이 그 원인이다. 2000년대 전반에 특히 활발해진 일본회의나 통일교회 등 종교우파를 중심으로 남녀공동참획 조례와 성교육에 반대하는 움직임이었다.

결국, 남녀공동참획에 관한 지역적 법적 다툼에 초점을 둔 공동조사를 실시하여 『사회운동의 당혹감』[2]으로 정리했다.

그런데 이 조사는 남녀공동참획에 대한 비난에 초점을 두었기 때문에, 역시 2000년의 여성국제전범 법정 이후에는, 우파의 비난이 심한 '위안부' 문제는 다루지 않게

2 사이토 마사미(斉藤正美), 오기우에 치키 공저, 케이소쇼보(勁草書房) 2012년)

되어버렸다. 페미니즘운동에, 남녀공동참획을 중심으로 취급하는 층과, '위안부' 문제에 관여하고 있던 층으로 나뉜 것도 하나의 원인이었는데, '전문적으로 해주는 사람들이 있으니까 괜찮겠지' 하며 조사에서는 다루지 않았다. 그런데 당시 페미니즘에 대한 백래시(backlash)[3]에는 남녀공동참획과 성교육뿐만 아니라 '위안부' 문제도 포함되어 있었다.

2010년경부터는 〈재일특권을 인정하지 않는 시민의 모임〉[4]과 〈주권회복을 지향하는 모임〉 등의 배외(배척)주의운동에 초점을 둔 공동연구도 시작했다. 그리고 가두시위와 데모를 취재하러 가면, '위안부' 문제가 빈번히 거론되고 있다는 것을 알게 되었다. 아사히 기자였던 '우에무라 다카시(植村隆)'[5]라는 이름이 그들의 가두시위 현수막에 쓰여 있는 것도 그때서야 알았다. 그리고 '위안부' 문제는 배외주의운동 조사에 빠져서는 안 된다는 것을 처음 깨달았다.

2012년 12월, 설마했던 아베정권의 부활, 고노 담화의

---

3 진보적이라고 여겨지는 정책이나 사회현상에 역행하는 움직임, 반동.
4 재일한국·조선인에 대한 입국특례법 등을 재일특권으로 정의하고, 그 폐지를 목적으로 설립. 설립자 및 초대회장은 사쿠라이 마코토(桜井誠).
5 한국 가톨릭대학교 초빙교수. 아사히신문 기자 시절 1991년 8월 11일, 12월 25일 2회, 위안부 문제 기사를 썼다.

재고 논쟁 등, '위안부' 문제가 다시금 주목을 받게 됨과 동시에 재특회 등의 배외주의운동뿐만 아니라 남녀공동 참획 비판에 관해 내가 주목하고 있던 다카하시 시로(高橋史朗, 메이세이[明星]대학 교수), 나카니시 데루마사(中西輝政, 교토대학 명예교수), 오카모토 아키코(岡本明子, 저널리스트) 등의 논객들과 일본의회, 일본정책연구센터 등의 주류보수단체들이 중심으로 '위안부' 문제에도 깊이 관여하고 있다는 사실을 알았다. 재특회, 주권회복을 지향하는 모임 등의 단체도 아주 열심히 '위안부' 문제에 관한 데모와 가두시위활동을 하면서, 동시에 재특회 전 사무국장 야마모토 유미코가 대표인 〈나데시코 액션〉 등, '위안부' 문제를 특화시킨 새로운 단체도 가동시켜갔다.

2012년경부터는, 미국에서는 '위안부' 소녀상과 추모비 설립에 주목이 쏠리게 되었다. 2013년 1월, 내가 야마모토 유미코를 취재하러 갔을 때, 재특회에 대해 질문하고 싶었던 당시의 나의 목적과는 정반대로, 오히려 미국에서 화제가 된 '위안부' 추모비 문제에 대해 많은 말을 들었다. 그리고 2014년경부터 보수계 집회나 스터디에 참석할 때면, '주 전쟁터'가 내가 살고 있는 미국이 되었다. 재미학자가 우파의 주요한 정보전의 타깃이라는 말도 들었다. 어떻게 하면 미국에서 '위안부' 문제를 '바르게'

전달하는 학술서가 출판될 수 있을까라는 질문을 우파계 사람에게 받은 적도 있었다. 또 가두시위 취재 때는, 내가 미국에서 왔다는 것을 알고, "(위안부 소녀상을 세운 것 때문에) 일본인에 대한 이지메 때문에 큰일이네요"라고 호소하는 사람들도 있었다. 미국에서는 나와 같은 재미일본인이나 패전 후 이민 온 '신일세'들이 '위안부' 부정론 입장에서 운동에 참여하거나, 인터넷상의 발신활동을 하고 있었다. 모르는 사이에 '위안부' 문제는 페미니스트로서도, 인류학자로서도, 재미일본인으로서도 자신의 상황으로부터 떼어 놓을 수 없는 문제가 되어버렸다.

여기에서는 '위안부' 문제를 중심으로 한 역사수정주의와 우파의 흐름을 1990년대부터 개관하고, 그 특색을 부각시켜볼까 한다. 첫 번째로 일본의회 등의 주류보수운동에서 재특회 등의 배외주의운동에 이르기까지, 다른 문제에 대해서는 대립각을 세우기도 하는 여러 우파계 운동이, 적어도 2015년 말의 '한일합의' 전까지는, '위안부' 문제에 관해서는 공통 입장에서 움직여왔다는 것과, 그러한 움직임에 아베 신조 총리를 비롯한 현 정권의 중심 정치인들이 적극적으로 관여해왔다는 것, 두 번째로, '위안부' 문제의 '주 전쟁터'로 미국과 UN이 거론되어 재미일본인과 일본정부까지 얽힌 움직임이 활발하다는 것이다.

그리고 마지막으로, '한일합의' 후의 우파와 일본정부의 움직임에 대해서도 언급하겠다.

1990년대의 역사수정주의와 '위안부' 부정론

1991년 8월, 김학순 할머니가 과거 '위안부'였음을 처음으로 밝힌 이래, 일본의 우파에 있어 '위안부' 문제는 줄곧 중요한 안건이었다. 특히 그해에 과거 '위안부'들이 제기한 일본정부에 대한 소송 및 이듬해 1992년 1월, 미야자와 기이치(宮澤喜一) 당시 총리가 한국을 방문했을 때 사죄와 반성을 한 것에 대해 우파는 강하게 반발. 우파계 여론지『문예춘추(文藝春秋)』를 비롯, 보수계 싱크탱크(think tank)[6]인 〈일본정책연구센터〉가 발행한『내일을 향한 선택』등의 우파계 미니 커뮤니케이션[7] 매체에 '위안부' 문제에 대한 비판기사가 실렸다.

1993년 8월, 고노 요헤이 당시 관방장관이「고노 담화」

---

6 여러 영역의 전문가를 조직적으로 모아서 연구, 개발하고 그 성과를 제공하는 조직.
7 비교적 소수의 독자를 대상으로 하는 소규모의 신문 또는 잡지. 매스컴의 상대어로 일본에서 만들어진 말.

를 발표했다. 우파는, 위안부 설치에 관한 일본군의 관여와 위안부 강제 모집을 인정했다는 이유로 「고노 담화」를 강하게 비판했다. 그 후 우파 진영에서는 「고노 담화」의 재고가 커다란 화두가 되었다.

그러나 '위안부' 문제에 대한 공격이 보다 격해지고 매스컴 등에서도 비중 있게 다루게 된 것은 1990년대 중엽이었다. 1996년 6월에 일본 문부성(文部省)에 의한 교과서 검정결과가 공표되고, 모든 중학교 역사교과서에 '위안부' 기술 게재가 확실해진 것에 대한 우파의 위기감이 계기가 됐다.

1995년 1월, 도쿄대학 교수였던 후지오카 노부카쓰가 중심이 되어 〈자유주의사관연구회〉를 설립하여, 8월 제1회 전국대회에서, '종군위안부를 중학교교과서에서 삭제' 촉구를 결의했다. 1996년 말에는 후지오카 노부카쓰, 니시오 간지(西尾幹二, 당시 전기통신대학 교수), 다카하시 시로(高橋史朗) 등이 중심이 되어 〈편찬하는 모임〉이 탄생했다. 이 모임의 기관지 『사(史)』의 2013년 9월호에 게재된 좌담회 〈'편찬하는 모임'의 발자취를 뒤돌아보다〉에서는 「'종군위안부' 문제가 운동의 원점」이라는 표방과 함께, 중학교 역사교과서에 '위안부' 문제를 게재한 것이 계기가 되어, 그들이 〈편찬하는 모임〉을 갖게 되었다는 설립

경위를 설명하고 있다. 모임 초기 멤버로는 아가와 사와코(阿川佐和子),[8] 하야시 마리코(林真理子),[9] 고바야시 요시노리(小林よしのり)[10] 등의 저명인사도 포함되어 있어 설립 당시에는 폭넓게 주목을 받았다. 또 고바야시는 1997년부터 『신 고마니즘 선언』(小学館) 등, 자신의 만화작품에서 '위안부' 문제를 취급하였고, 1998년에는 『신 고마니즘 선언 SPECIAL 전쟁론』(小学館)을 출판하였다. 이러한 매스컴을 이용한 홍보와 교과서 채택에 따른 대중의 가세도 있어, 우파운동의 활동 범위가 넓어졌다.

한편, 정치계에서는 1997년 2월에 〈일본의 전도(前途)와 역사교육을 생각하는 젊은 의원 모임〉(통칭 교과서의련[教科書議連])이 설립되었다. 이 모임 또한 중학교 역사교과서의 '위안부' 기술에 대한 의문에서 발족한 것으로, 설립 당시 대표를 나카가와 쇼이치(中川昭一),[11] 사무국장을 아베 신조, 간사장을 에토 세이이치(衛藤晟一)[12] 등의 의원들이 맡았다. 아베, 에토에 가세하여 이 모임에 위원으로 설

---

8 수필가, 탤런트.
9 소설가, 수필가.
10 만화가, 평론가.
11 자민당 소속 중의원 의원.
12 자민당 소속 참의원 의원(2기), 총리보좌관. 중의원 의원(4기).

립 때부터 참여하고 있었던 스가 요시히데(菅義偉),[13] 다카이치 사나에(高市早苗)[14] 등의 의원은 2016년 5월 현재 제3차 아베 내각에서 요직을 맡고 있다.

이어서 1997년 5월에는 〈일본을 지키는 국민회의〉와 〈일본을 지키는 모임〉이 합쳐, 일본 최대의 보수단체 〈일본회의〉가 결성되고, 〈일본회의 국회의원 간담회〉도 동시에 조직되었다. 일본회의는 개헌을 최대 목표로 하는 단체인데, 전신인 〈일본을 지키는 국민회의〉 때부터 고등학교교과서 『신편일본사(新編日本史)』를 내는 등 역사인식 문제를 중요시해왔다. 같은 해 12월에 처음 열린 〈일본회의중앙대회〉에서도, 나카가와 쇼이치 의원이 "'종군위안부' '강제연행'은 허구다"라는 내용의 연설을 하며 「고노담화」 철회 등을 주장, 후지오카 노부카쓰도 "아이들에게 자랑스러운 역사를 전하자"며, 〈편찬하는 모임〉의 운동방침을 언급하고 있다. '일본회의' 기관지 『일본의 숨결』 1998년 1월호에 사카모토 다카오(坂本多加雄 가쿠슈인[学

13 자민당 소속 중의원 의원(7기), 관방장관(제81, 82대), 오키나와기지부담경감담당대신.
14 자민당 소속 중의원 의원(7기), 총무대신(제2,3차 아베 내각), 내각부특명담당대신(오키나와 및 북방대책·과학기술정책·남녀공동참획·식품안전 등).

習院]대학 교수)[15]가 "헌법개정 논의는 정당한 역사해석에서 뗄 수 없다"고 썼듯이, 개헌과 역사인식은 일본회의에 있어서 자동차로 말하면 바퀴라고 말할 수 있다.

1999년, 하타 이쿠히코의 『위안부와 전장(戰場)의 성(性)』(신초센쇼[新潮選書])이 출판되었다. 이 책은 우파논객과 운동가들이 널리 즐겨 읽었고, 지금도 우파의 '위안부'론에 관한 대표적인 학술서로 정평이 나있다. 내가 만난 우파계 운동가들 중에 '위안부' 문제에 관심이 있는 자들은 이 책을 중요한 문헌으로 인정하고 있었다.

이처럼 현재까지 이어지고 있는 '위안부' 부정론의 소스가 이 시기에 거의 총 출동한 상황이었다.

역사수정주의의 해외 전개와 인터넷 활용

2000년 12월, '여성국제전범법정'이 도쿄에서 개최되었다. 해외에서 온 취재진도 많았고, 인터넷을 통해 해외로도 널리 발신되었고, 나중에는 DVD도 영·일어판으로 제작되어 판매되는 등, 이후에도 큰 영향을 준 '법정'

15 정치학자, 일본정치사상사가, 법학박사. 가쿠슈인대학 교수 재임 시 (2002년) 사망.

이었는데, 우익 가두시위 자동차가 회의장으로 돌진하는 등 과격행위가 눈에 띄었다. 또 아베 신조, 나가가와 쇼이치 두 의원이 동 법정에 대한 NHK 프로 편집에 압력을 넣어 프로 내용이 바뀌는 일도 있었다. 법정 개최에 큰 역할을 한 마쓰이 야요리(松井耶依)[16] 등, '위안부' 지원운동에 관여한 운동가들에 대한 우파의 비난도 강해졌다.

또한 이 무렵에는, 1997년에 아이리스 장의 저서가 미국에서 발매된 것이 화제가 된 것을 계기로, 난징대학살에 관한 역사수정주의의 움직임이 활발해졌다(제1장 참조). 그러던 중에 난징대학살에 관한 영어 서적이 발행되었는데, 예를 들면, 『영일 바이링걸 재심(再審) '난징대학살'—세계에 호소하는 일본의 누명』[17]이라는 영일 대역본이 간행되었다. 내 수중에 있는 것은 2007년 발행의 제6쇄 판인데 책 겉면에는 "고바야시 요시노리 씨 『전쟁론2』에서 대추천! 앞으로 해외로 유학 거주할 사람에게는 이 책은 필수다" "미국을 무대로 하는 반일선전에 대타격!"이라 쓰여 있다. 2000년에는 『Tanaka Masaaki Really Happened in Nanking: The Refutation of a Common Myth(다나카 마사

---

16   저널리스트, 페미니스트, 전 아사히신문 기자.
17   다케모토 다다오(竹本忠雄)·오하라 야스오(大原康男) 공저 일본회의국제홍보위원회 편 메이세이샤(明成社) 2000.

키 난징사건의 진상: 잘못된 인식에 대한 반박)』(세카이출판[世界出版])
라는 난징대학살 부정론 서적이, 현재 〈사실(史實)을 세계
에 발신하는 모임〉의 사무국장 모테키 히로미치(茂木弘道)[18]
가 경영하는 세카이출판(世界出版)에서 발행되었다. 발행처
에 의하면, 이 책은 '『난징사건의 총괄』(다나카 마사아키[田中
正明][19] 저)의 중심부분인 「15가지의 논거」에 거짓사진 설명
과 아사히신문의 사건 당시의 특집 편집사진으로 난징사
건의 진상을 콤팩트하게 제시한 영문서'라는 것이다. 그리
고 다음 해 2001년에는, 이 책을 북미의 아시아연구자들
에게 일방적으로 보낸 사실이 아시아연구의 메일링 리스
트(mailing list)[20] H-Asia상에서 화제가 되었다. 서적은 상당
수의 중국연구자, 일본연구자들에게 보내진 것 같았다.

2006년 9월, 제1차 아베정권이 발족했다. 그해는, 중학
교역사교과서에서 '위안부'에 관한 기술이 일제히 삭제
되었고, 12월에는 〈일본의 전도와 역사교육을 생각하는
의원 모임〉이 활동을 재개했다. 그리고 2007년 3월에는
아베 총리가 '위안부'의 강제성을 부정하는 발언을 하여
미국 미디어의 강한 반발을 불러일으켰다. 또 6월 14일에

---

18 평론가, 실업가.
19 신문편집자, 근현대사평론가, 저술가.
20 복수의 사람들에게 전자메일을 보내는 구조.

는, 우파 지식인들이 『워싱턴포스트』에 「The Facts」라는 제목의 광고를 게재. 이것이 역풍으로 작용하여 7월 30일에는 미국 하원에서 일본정부에 '위안부' 문제에 대해 사죄를 촉구하는 121호 결의가 가결되었다.

아베정권과 미국 하원 결의 영향으로 산케이(産経)계의 매체 등 우파계 미디어에는 '위안부' 문제 관계기사가 늘어났다. 니시오카 쓰토무(西岡力)의 『잘 알고 있는 위안부 문제』(소시샤[草思社], 2007년) 등, 우파들의 '위안부' 문제를 다룬 서적도 적지 않게 출판되었다.

이 미국 하원의결이 우파의 위기감을 부채질하여, 난징 사건 관련에서 이미 어느 정도 존재하고 있던 우파 세력은 미국에 대한 관심이 한층 높아졌다. 나아가 그들이 좌파에 조종당하고 있다고 생각하는 UN에 관해서도 관심을 기울이게 되었다.

그러던 중에 우파단체가 국제무대로 진출하게 된 동인(動因)은, 2007년 4월에 〈일본회의수도권지방의원간담회〉 멤버들을 중심으로 설립된 NPO법인 〈가족유대를 지키는 모임 FAVS〉다. 고가 도시아키(古賀俊昭) 도쿄도의원이 이사장을 맡았고, 발족집회에는 후루야 게이지(古屋圭司),[21]

---

21 사민당소속 중의원 의원.

니시카와 교코(西川京子),[22] 하기우다 고이치(萩生田光一),[23]이 나다 도모미 등의 중의원 의원들이 내빈 자격으로 인사를 하고 있다. 발족집회를 보고하는 블로그 기사는 '민법 772조의 300일 규정 재고 문제에서, 가족 유대와 1부1처제를 해체하는 그룹의 개재(介在)'가 지적되어, "가족옹호 네트워크를 형성해가는 것에 대한 기대가 표명되었습니다"고 전하고 있다.

FAVS 사무국은, 처음에는 일본회의 주소지에 있었다. 그 후 인터넷 등의 발신이나 활동에서 보면, 실질적인 중심은 일본회의를 베이스로 하여 활동해온 오카모토 아키코였다. 오카모토는 부부별성(別姓)과 남녀공동참획에 대한 반대운동에도 중심적 역할을 했고 인터넷 상에서도 사이트나 게시판을 운영하는 등 존재감을 나타내고 있었다. FAVS는 결성 직후부터 프로라이프(pro-life: 인공임신중절반대)와 가족의 가치를 중시하는 보수계 단체가 소속된 '세계가족회의'에 참가하여 국제적 네트워크 구축에 힘쓰면서 UN활동을 개시, 여성차별철폐위원회 심사장에도

---

22 자민당소속 중의원 의원(4기), 후생노동대신정무관, 후생노동부대신(副大臣), 문부과학부대신(副大臣).

23 자민당소속 중의원 의원(4기), 자민당 간사장대행, 도쿄도 의원(1기). 문부과학대신정무관.

NGO자격으로 참가하기도 했다. 또 2007년에는 외무성 주체 '인종차별철폐조약에 관한 의견교환회' 참가를 촉구하여 실현시켰고, 나아가 독자적으로 외무성과의 의견 교환회를 개최하기도 했다. 이 일본회의 계열 네트워크에서 출발한 FAVS가 쌓아놓은 UN활동은, 그 후의 '위안부' 문제 전개에 있어서도 중요한 역할을 하게 된다.

2008년부터 〈사실을 세계로 발신하는 모임〉(가세 히데아키 대표, 시게키 히로미치 사무국장)은 '반일 프로파간다'에 대항하여 메일 매거진과 웹사이트 등을 통해 영문 발신을 하기 시작했다. 이러한 모임의 제1호 메일 매거진의 테마는 니시오카 쓰토무『잘 알고 있는 위안부 문제』의 부분적인 영역(英譯)이었던 것을 보더라도, 2007년의 미국 하원에서의 '위안부' 결의가 있었기 때문에, 영문 메일 매거진 발신을 개시했을 것이라고 생각할 수 있다. 이 모임은 일본연구 관계자 목록을 입수한 것 같아, 당시 대학원생이었던 나에게도 부탁하지도 않았는데 메일 매거진이 전송되었다. 이 건에 관해서는 수신처 목록의 출처로 의심받은 Association for Asian Studies(아시아연구학회)가, 이 역사수정주의단체의 '불쾌한 메일'과는 전혀 관계가 없다고, 일본연구의 메일링 리스트인 H-Japan을 통해 성명을 내고 있다.

이 〈사실을 세계에 발신하는 모임〉의 메일은 지금도 빈번히 전송되고 있으며, 2015년 5월 5일에 북미 일본연구 학자들이 중심이 되어 발표한 「일본의 역사가를 지지하는 성명」에 서명한 것 때문에 새로 수신하기 시작한 사람도 있는 것 같다. 또, 〈사실을 세계에 발신하는 모임〉에서는 나에게도 가세 히데아키와 켄트 길버트(Kent Sidney Gilbert)[24] 등의 서적이 몇 번인가 배송된 적이 있다. 그 밖에도 받아본 적이 있는 사람이 있다는 이야기를 들었다.

이러한 해외를 타깃으로 한 발신과 함께 2000년대 중반은 인터넷상에서의 동영상 공유 서비스가 확대된 시기이기도 했고, 그에 한 발 앞서 활용한 것도 우파였다. 2004년, 위성TV제작회사인 〈일본문화채널 사쿠라(桜)〉(미즈시마 사토루[水島総] 대표)가 발족하여, 2007년부터 인터넷발신을 시작했다. 또 유튜브와 니코니코 동화(動画)[25]·생방송 등의 서비스도 폭넓게 유행했고 '2채널' 등의 게시판이나 mixi[26] 등의 SNS도 합세하는 등 인터넷 매체를 통하여 정치인이나 우파논객들이 발신하는 '위안부' 부정론이 더욱 확대되어갔다.

---

24 캘리포니아 주 변호사. 일본에서 탤런트, 배우, 저작가로 활동.
25 일본 UCC 동영상, 동화, 생방송, 이미지 수록.
26 일본 소셜네트워킹 서비스, 커뮤니티 등록, 이용방법 수록.

그리고 아베정권이 발족할 무렵, 인터넷을 적극적으로 활용하여 발신하는 '넷우익'이라 불리는 계층에서 배외주의를 기조로 하는 새로운 운동단체도 생겨났다. 2006년 7월에 〈주권회복을 지향하는 모임〉이, 12월에는 재특회가 발족했다. 그 후에도 갖가지 단체가 등장했는데, 이 단체들은, '시민운동'이라 주장하며 기존의 가두시위 우익과 구별하면서도, 일본회의 등의 주류보수운동보다 가두시위나 데모 등의 가두행동을 중시했다. 그리고 가두행동이나 집회 등을 인터넷 동영상으로 방송하면서 메시지를 확대하여 새로운 회원과 지지층을 확보해갔다. 이러한 운동 전개와 함께 '위안부' 비판 메시지도 인터넷을 통해 더욱 확대시켜갔다.

2009년 7월, 민주당 정권이 탄생했다. 민주당 정권에 대한 위기감을 계기로 이 운동단체들은 보다 활발하게 가두활동을 전개하게 되었다. 같은 해 8월에는 주권회복을 지향하는 모임, 재특회 등이 도쿄 미타카(三鷹)에서 개최한 〈중학생을 위한 '위안부' 패널전시회〉에 반대하는 시위를 했다. 또 재특회는 〈위안부 페스티벌 2009 미타카〉라는 집회도 열었다. 이 항의운동을 계기로 여성단체 〈미풍(微風)〉(스즈카제 유키코[涼風由喜子] 대표)이 결성되어 '위안부' 문제에 대해 여성이 전면에 나와 활동하는 선두역할을 했다.

2010년에는, 〈일본문화채널 사쿠라(桜)〉가 모체가 되어 다모가미 도시오(田母神俊雄),[27] 미즈시마 사토루(일본문화채널 사쿠라 대표이사) 등을 중심으로 결성된 새로운 운동단체 〈분발하라 일본! 전국행동위원회〉가 등장했다. 〈분발하라 일본!〉에 있어서도 역사인식 문제는 중요한 운동과제였으며, 데모, 가두시위, 포스팅[28] 행위 등을 하면서 새로운 연배 층의 참가를 촉구하게 되었다.

그리고 2011년에는 재특회 부회장과 사무국장을 맡아온 야마모토 유미코가 '위안부' 문제로 특화한 운동단체 〈나데시코 액션〉을 결성했다. 이 단체 사이트는, '여성 중심의 유지(有志)들을 중심으로 결성된 네트워크'로서 "위안부 문제를 우리 세대에서 끝내려고" 결성한 것이라고 설립 취지를 설명하고 있다. 같은 해 3월, 일본정부에 '위안부에 대한 사죄와 배상'을 촉구하는 의견서를 제출한 지방의회에 질문지를 제시한 것이 최초의 주요활동이었다. 같은 해 12월에는, '위안부' 지원단체가 수요데모 1,000회를 기념하는 행사를 외무성 앞에서 개최한 것에 대해 항의와 집회로 대응했다. 2012년 1월에 야마모토는

27 일본 군사평론가. 전 항공자위대 막료장(幕僚長).
28 광고·선전용 삐라나 지라시를 각 개인 우편함에 넣는 행위.

재특회 사무국장 직에서 물러나, 그 후로는 '위안부' 문제에만 전념하는(특화한) 활동을 보였다. 같은 해 11월 6일에는 중의원이 해산하기 일주일 전에 「위안부 문제를 규탄하고 의연한 정부의 대응을 촉구하는 의견교환회~강제연행도 성노예도 사실무근, 위안부 문제에 진실을!」이라는 슬로건을 표방한 원내집회를 개최, 야마타니 에리코(山谷えり子),[29] 이나다 도모미, 에토 세이이치(衛藤晟一)[30] 등, 11명의 국회의원(자민당 소속 8명), 국회의원 비서 6명(전원 자민당)이 참가하고 있다. 재특회 때와는 달리, 〈나데시코 액션〉은 가두활동이 아니라 로비활동이나 집회 개최, 나아가 UN활동 등 정치적 연계를 중심으로 활동하고 있으며, 인터넷발신도 여전히 열심히 하고 있다.

그들은 일반적으로는 격한 혐오발언으로 유명한 재특회 등의 배외주의 세력이면서, 「고노 담화」 철폐, 강제연행 부정, 『아사히신문』 비판 등 그들의 주장은 일본회의 등의 주류보수운동이나 자민당 정치인들의 주장과 다를 바 없다. 하타 이쿠히코와 니시오카 쓰토무의 서적, 고바야시 요시노리의 만화, 우파논객의 산케이계 언론매체와 우파계 오피니언지(誌) 기사 등의 내용이 인터넷에서 확

---

29 정치인, 참의원 의원(3기), 자민당 북한에 의한 납치문제 대책본부장.
30 정치인, 자민당 소속 参의원 의인(2기).

산되고, 행동보수파의 가두시위나 데모 등으로 확대되어, 그것이 또 인터넷에서 확산되는 식의 패턴이었다.

주 전쟁터＝미국론의 시작과 제2차 아베정권

2012년경부터 우파들 사이에서 '위안부' 문제의 주된 전쟁터는 미국이라는 주장이 널리 퍼지게 되었다. 2007년 미국 하원결의 이후, 미국에 대한 관심은 높아졌다고는 하나 2012년 이후에 확대된 주 전쟁터＝미국이라는 공식의 계기는, 2010년 뉴저지 주 팰리세이즈파크(Palisades Park) 시 도서관 앞에 '위안부' 추모비가 건립된 것에서였다. 이에 대해『정론』2012년 5월호에, FAVS의 오카모토 아키코가「미국에 사는 우리 일본인 아이들이 이지메 피해를 입고, 한국의 위안부 반일선전이 만연하는 구도」라는 내용의 논문을 발표했다. '위안부 추모비'에 착목하여 재미일본인의 이지메 피해를 호소하는 논고가 우파계에서 영향력이 있는 매스컴 매체『정론』에 게재된 것을 계기로 오카모토의 주장이 확산되기 시작했다.

또 〈나데시코 액션〉의 야마모토 유미코가 우파계의 재미일본인과 연대하면서 미국의 '위안부' 추모비, 소녀상

(像), 각종 전시(展示)와 결의 등에 반대하는 운동을 적극적으로 펼쳐갔다.

2012년 12월 민주당 정권시대가 막을 내리고 아베 신조가 내각총리대신으로 복귀했다. 앞서 말했듯이 아베는 자민당총재선거에서 '고노 담화 재고'를 주장했고, 선거 직전 11월에 일본 우파계 지식인이 중심인 〈역사사실위원회〉가 팰리세이즈파크가 있는 뉴저지 주 지방지에 게재한 '위안부' 비판 의견광고 "Yes, we remember the fact"에 찬동하고 있다(그림 4-1). 아베 취임을 계기로 「고노 담화」 재고 논의 등, '위안부' 문제를 둘러싼 역사수정주의의 움직임이 다시금 모습을 드러내고 있다. 또 2013년 5월, 하시모토 도오루(橋下徹) 오사카 시장이 '위안부' 제도는 필요했다. 오키나와 주둔 미군은 풍속업을 더욱 활용해야한다고 발언했다. 이에 대한 해외 비판이 쇄도하여 일본 매스컴도 다루게 되어, '위안부' 문제가 주목을 모으게 되었다. 그리고 '위안부' 할머니가 일본을 방문한 집회와 '위안부' 지원 데모를 감행했다. 한편으로 재특회 등은 이러한 행사에 반격을 가했다.

미국을 '주 전쟁터'라고 우파가 주장하는 가운데, 특히 주목을 모은 것은 로스앤젤레스 근교에 있는 캘리포니아 주 글렌데일 시의 '위안부' 소녀상 설치였다. 2013년 7월

9일, 글렌데일 시에서 개최된 공청회는, 재미일본인과 '신일세' 시민이 모여 일본 우파 사이에서도 주목을 끌었다. 그 결과, '위안부' 소녀상이 설치되었는데 그 소녀상은 지금까지 미국의 '역사전'을 상징하는 역할을 하고 있다. 그리고 2014년 2월, 메라 고이치그룹이 글렌데일 시에 설치된 '위안부' 소녀상 철거를 요구하며 로스앤젤레스 연방 지방재판소에 제소하기 2주 전에 〈역사의 진실을 요구하는 세계연합회〉(GAHT)를 설립했다. 글렌데일 시를 상대로 재판을 진행하면서 일본이나 로스앤젤레스 근교 및 미국의 다른 도시에서도 집회를 자주 열고, 웹사이트나 지방 일본계 신문 등을 이용하여 발신을 계속하고 있다.

이러한 우파 재미일본인과 연대하면서 〈나데시코 액션〉은 글렌데일을 비롯하여, 남 캘리포니아 풀러턴 (Fullerton), 디트로이트 근교 사우스필드(Southfield), 캐나다 버나비(Burnaby) 등지에서, '위안부' 추모비와 '위안부' 소녀상, 미국 박물관 전시회 등에 대한 반대운동을 전개해 왔다(상세한 내용은 제2장 참조).

2014년 3월, 오스트레일리아 시드니에서 '위안부' 소녀상 설치 움직임이 있다고 『산케이신문』이 보도했다. 같은 움직임이 일어난 스트래스필드(Strathfield)에서는 4월 1일에 공청회가 열렸다. 나데시코 액션은 재빨리 시드니

그림 4-1

우파 〈우파위원회〉가, 미국 뉴저지 주 지방지에 게재한
'위안부' 비판 의견광고(2012년 11월).

와 스트래스필드에 항의메일을 보낼 것을 부추겼다. 당시 오스트레일리아에 거주했던 야마오카 뎃슈(山岡鉄舟) 등 재호(在豪) 일본인들은 〈Japan Community Network〉(JCN) 이라는 단체를 만들어 반대운동에 가담했다. "우리는 우리가 사는 고장의 일본인 어머니와 아이들을 보호하기 위해 일어섰다"고 야마오카는 쓰고 있다. 결국 스트래스필드에서 '위안부' 소녀상 설치는 부결되었다. 야마오카 그룹 JCN운동은 '성공사례'로 일본 우파 매체를 통해 확산되었다.

이처럼 미국의 각지뿐만 아니라 캐나다, 오스트레일리아 등에서도 우파들은 '위안부' 소녀상이나 추모비 설치를 둘러싸고, 설치로 인한 재외 일본인들의 피해를 강조하며 반대하는 전술을 취하고 있다. 전형적인 것으로는 '이지메' 피해 주장을 들을 수 있다. 어린이들에 대한 이지메, 그리고 그러한 현상과 싸워야 하는 부모들…이라는 도식이다. "엄마와 아이들을 지키자"는 주장이 등장하게 되었다. 그리고 여성들이 전면에 나서서 '여성인권문제'로서의 '위안부' 문제를 부정한다는 식의 전략도 세워졌다. 이렇게 일본 국내 여성뿐만 아니라 해외 거주 여성들도 새로이 반대운동에 가담하는 상황이 되어가고 있다.

일본에서는 '위안부' 문제를 다루는 운동단체 연락조

직으로 〈'위안부의 진실' 국민운동〉이 2013년 7월 29일에 결성되었다. 대표는 〈편찬하는 모임〉의 고문이며 일본회의 대표위원이기도 한 가세 히데아키. 가맹단체는 〈나데시코 액션〉 〈미풍〉 등의 행동보수계 단체와 패널제작단체, 나아가 행복의 과학계 〈논파프로젝트〉까지 다양한데, 〈편찬하는 모임〉에 사무국이 마련된 것을 보더라도 이 단체가 중심적 네트워크임을 알 수 있다.

교과서채택운동에서는 계속 고전하는 〈편찬하는 모임〉이지만, 그만큼 '위안부' 문제에 대한 집착을 보다 강하게 보이면서 활동을 계속하고 있다. 이 〈'위안부의 진실' 국민운동〉은 「고노 담화」 철회를 촉구하면서 거기에 '주 전쟁터'인 미국에서의 '위안부' 추모비와 소녀상 설치 움직임에 대항하는 것을 목적으로 하고 있다.

2014년 1월, 〈논파프로젝트〉가 프랑스에서 앙굴렘(Angoulême) 국제만화제에 참가를 계획하여, '위안부'를 부정하는 내용의 전시를 하려고 했으나 중지되었다. 이것을 계기로 〈논파프로젝트〉 및 그것을 후원한 행복실현당과 행복의 과학의 '위안부' 문제에 대한 결속이 특히 해외에서 강화되었다.

또, 이 앙굴렘 국제만화제를 계기로 '위안부' 문제에 관한 관계를 강화시킨 것은, 유튜브 발신으로 일본 넷우익 층에 인기를 누리고 있던 미국인 '텍사스 아버지' 토니 마라노(Tony Marano)다. 2011년 5월에 일본을 처음 방문했는데 그것이 계기가 되어 같은 해 2월에 〈텍사스 아버지〉 일본사무국(후지키 슌이치[藤木俊一] 사무국장)도 결성되었다. 당초에는 돌고래 문제를 중심으로 발신했던 마라노가 '위안부' 문제에도 언급하게 되어 제네바에서 UN관련회의 시찰을 나가기도 하고, 뉴욕에서 집회 등에도 참가하는 등, 해외에서 발신(發信) 역할을 하면서, 국내 우파 미디어를 대상으로 하는 발신도 맡고 있다.

그 밖에도, 일본 우파를 지지하는 내용의 발신이나 집필활동을 하는 저널리스트 헨리 스톡스(Henry Scott Stokes), 탤런트·변호사인 켄트 길버트(Kent Sidney Gilbert), 작가 마이클 욘(Michael Phillip Yon), 미국의 대학원생 제이슨 모건(Jason Morgan) 등의 영미 남성들이 우파 홍보역을 맡고 있다. 또 아파그룹[31]이 주체한 2015년도의 'APA 진정한 현대사관' 논문대상은 켄트 길버트에게, 후지산케이스룹이 주체한 '정론대상'은 밴더빌트대학(Vanderbilt University)의 제임스 아워(James E. Auer) 명예교수에게 수여되는 등, 상이나 후원을 통해 해외 학자와 지식인들을 자기 쪽으로 끌

31 아파호텔 산하에 있는 도시개발, 건설업을 주로 하는 회사.

어들여 홍보역할을 맡기려고 하고 있다.

자민당·일본정부와 '역사전'

2014년경부터 재미(在美)나 재호(在豪) 일본대사관과 영사관 웹사이트에, "역사문제 발단이 된 자국민의 피해에 관한 정보제공에 대해―이른바 역사문제를 배경으로 한 괴롭힘, 폭언 등의 피해를 입은 분들, 구체적인 피해정보를 가지고 계신 분은 아래의 연락처로 연락이나 상담을 해주십시오. 프라이버시, 개인정보는 보호해드리며, 현지관계기관에 대한 정보제공지원 등도 하겠습니다"라는 취지의 내용이 게시되어 있다. 외무성에 의하면, 2014년 2월경부터 이러한 문장이 "미국 일부 지역의 위안부 소녀상과 추모비 설치 움직임에 대한 대응"책으로 게시되고 있다고 한다.

외무성은 여러 번 일본 우파로부터 국제홍보활동과 반론이 약하다는 비판을 받아왔다. 그러던 중에 '위안부 소녀상' 등의 역사문제에 관하여 앞서 소개한 문장을 게시하거나, 로스앤젤레스나 뉴욕 등의 총영사가 지방지에 투시하여 일본의 입장을 설명하는 외교적 활동이 이때부터 눈에 띄기 시작했다.

또 외무성은 미국 주요 언론지 특파원이 '위안부' 문제에 대해 쓴 기사에 대해, 기사에서 인용한 인물이나 내용이 부적절하다고 비판하는 전자메일을 보내는 일도 있다는 것을 알았다. 또 필자의 취재에는, 외국특파원들에게 외무성이, 하타 이쿠히코와 오누마 야스아키(大沼保昭) 메이지대학 특임교수 등, 특정의 학자, 지식인을 추천하고 있었다는 것도 알고 있다.

2015년 1월에는 일본정부가 전년 12월에 미국 맥그로힐(McGraw-Hill)[32]사의 세계사교과서 저자와 출판사에 '위안부'에 관한 기술을 변경하도록 요구해왔던 사실이 맥그로 힐사가 공표함으로써 밝혀졌다. 교과서 저자인 하와이대학 교수 허버트 지글러 연구실로 영사관 직원들이 방문하여 기술을 변경하도록 요구했던 사실도 알았다.

해외의 '위안부' 소녀상과 추모비 설립에 관한 법적 다툼도 계속되고 있으며, 일본정부도 그러한 법적 다툼 관련을 이제는 감추려고 하지도 않는다. GAHT의 글렌데일 소송도 재판에서 계속 패소하고 있지만 일본을 대상으로 하는 발신, 집회 등은 적극적으로 감행하고 있다.

---

32 미국 출판기업. 대학 학습, 의학 교재, 단행본 안내.

2015년 10월 1일에 도쿄에서 열린 GAHT 집회는 산케이신문사 후원을 받아 『산케이신문』 아비루 루이(阿比留瑠比) 기자가 단상에 올랐다. 또 『산케이신문』을 통하여 모금도 하는 등 양자 간의 친숙함을 엿볼 수 있다.

10월 2일에는 자민당이 '한·중이 제3국에서 반일선전을 하는 것에 대항한다'는 명목으로 2014년 3월에 발족시킨 국제정보검토위원회 위원장을 맡은 하라다 요시아키(原田義昭)[33] 전 문부과학 부대신(副大臣)은, 위원회 모임 직후 기자에게 "위안부나 난징대학살의 존재자체를 우리나라는 이제 부정하려고 한다"는 발언을 했다고 보도되었다. 이날 위원회 강사는 〈편찬하는 모임〉 회장 스기하라 세이시로(杉原誠四郎)[34]와, 다카하시 시로(高橋史朗)였다.

캘리포니아 주 풀러턴 시, 오스트레일리아 스트래스필드 시 등에서는 '위안부' 소녀상 설치가 미루어졌다. 우파가 이것을 '승리'라 간주한 가운데, 2015년 9월 샌프란시스코 시에서는 '위안부' 메모리얼 건설이 전원일치로 가결되었다(제2장 참조). NHK 보도에 의하면, 스가 요시히데 관방장관은 기자회견에서 샌프란시스코의 "결의는 일본정부의 생각이나 지금까지의 노력과는 맞지 않는 내용

33 변호사, 자유민주당 소속 중의원 의원(제7기).
34 교육학자, 외교사연구가, 평론가

을 포함하고 있으며 매우 유감이다. 위안부 문제를, 정치 문제, 외교문제화시킬 일이 아니다"'정부로서는 객관적 사실에 의거한 바른 역사인식이 계승되도록 계속 전략적 발신을 강화시켜가겠다. 관계자의 이해를 얻어 동요가 진정되는 예도 과거에 여러 번 있어, 이제부터라도 인내심을 가지고 관계자들이 실태를 이해할 때까지 노력해가겠다"고 설명했다고 한다. "정치문제로 다룰 일은 아니다"고 말하면서 정부는 관계자들을 독려해왔고 앞으로도 그럴 생각이라는, 그의 설명은 그야말로 모순이었다.

아사히 비난

『아사히신문』의 「검증」 보도 이후, 〈분발하라 일본!〉이나 〈주체회복을 지향하는 모임〉 등 여러 우파단체가 아사히신문사 앞에서 정기적으로 가두시위를 했다. 또 『아사히신문』 문제와 '위안부' 문제를 다루는 우파 집회 등도 많이 열리게 되었다. 이러한 과정을 거쳐, '주 전쟁터 = 미국' 설은 더욱 강해졌다. 일본에서는 '위안부' 문제에 관해서는 논쟁에서도 운동에서도 승리했다는 인식이 우파 사이에 널리 퍼졌기 때문이다. 그리고 미국에 '거짓 정보'

를 퍼뜨린 주체로 아사히가 더욱 비판을 받게 되었다. 특히 2014년 8월의 아사히 '검증' 보도에서, 기사에 문제는 없다고 결론이 났음에도 불구하고, 1991년에 김학순 할머니가 과거 '위안부'였음을 스스로 밝힌 사실을 기사로 쓴 우에무라 다카시(植村隆) 전 『아사히신문』기자에 대한 비난이 거세졌고, 우에무라가 근무하고 있던 호쿠세이학원(北星学園)대학과 그의 가족들을 협박한 사건도 발생했다. 이러한 비난 속에서 우에무라가 쓴 기사로 인해 미국에 '위안부' 소녀상이 생기고 일본인 아이들이 이지메를 당하고 있다는 등 사실무근의 공격까지 받게 되었다. 우에무라는 2015년 『주간문춘(週刊文春)』을 비롯한 많은 서적과 기사 등에서 자신의 기사가 '날조'라고 언급한 니시오카 쓰토무 및 주식회사 문예춘추(『주간문춘』기사에 관해서)를 도쿄지방법원에, 마찬가지로 우에무라가 '날조기사'를 썼다고 잡지와 인터넷에서 발언한 저널리스트 사쿠라이 요시코 및 출판사 3곳을 삿포로지방법원에 제소하여 현재 재판이 진행 중이다.

우파단체 중에도 정권과 친숙한 일본회의, 일본정책연구센터, 국가기본문제연구소(사쿠라이 요시코 대표) 등의 보수단체는, 아사히 '검증보도' 문제에 관해 집회를 열고, 기관지를 통해 『아사히신문』 비판의 논조를 굳혀갔다. 특

그림 4-2
〈분발하라 일본!〉에 의한 『아사히신문』 비판 입간판

히 일본정책연구센터는, 아사히신문사가 「제3자검증위원회」의 보고서를 낸 후, 〈독립검증위원회〉를 조직하여 비판 내용을 보고하는 등 적극적인 움직임이 돋보인다.

2015년에 들어서, 우파에 의한 『아사히신문』을 상대로 제소한 재판이 3건이었다. 1월 26일에 처음 제소한 것은 〈분발하라 일본!〉이 중심이 되어 2014년에 설립한 「아사히신문을 추궁하는 국민회의」 대규모 집회를 열고 원고 2만 5,000명을 모아 '사상최대'임을 강조한다. 집회 연설자를 보면, 차세대당 의원, 〈채널 사쿠라〉〈분발하라 일본!〉〈'위안부의 진실' 국민운동〉 등이 연대하고 있다. 재판 과정에서 자신들의 주장을 국민운동 분위기로 몰고 가자, 나중에 언급하겠지만, 2016년 3월 17일 3회째 구두변론을 끝으로 도쿄지방법원에서 판사로부터 심리종료가 언도되어 돌연 심리가 끝났다.

2015년 2월 9일에는 〈아사히신문을 바로잡는 모임〉이라는 별도의 단체가 아사히신문사를 상대로 소송을 제기했다. 원고는 2015년 10월 시점에서 485명. 독자들의 '알 권리'를 표방한 재판방침으로 기존의 우파단체와의 연대는 보기 힘들다. 필자가 원고 측 대표 사토 노보루(佐藤昇)를 취재했는데, 자신은 '우(右)도 좌(左)도 아닌'데 나이든 분들이 부탁해서 대표를 떠맡은 것이라고 답했다.

그리고 같은 해 2월 18일에 소송을 제기한 것이 일본회의 등이 중심이 되어 후원하고 있는 「아사히 글렌데일 재판」이다. '아사히신문이 「종군위안부」를 허위로 보도한 '성노예'에 대한 국제여론에 비판받은 일본인의 명예와 존엄의 회복을 목적'으로, 로스앤젤레스 근교에 사는 바바 노부히로(馬場信浩)[35] 그룹 재미일본인들을 원고 대표로 내세워 2,100여 명이 아사히신문사에 미국 언론지상에 영문 사죄문을 게재할 것을 촉구하며 제소했다. 제2차 소송에서는 로스앤젤레스 근교에 거주하는 재미일본인 48명이 원고로 가세하고 있다. 모모치 아키라(百地章, 니혼대학 교수), 다카하시 시로, 가쓰오카 간지(勝岡寛次, 전후 교육사연구센터 전임연구원) 등, 일본회 계통의 학자들이 나서서 지원하고 있는 재판이기도 하다. 이 「아사히 글렌데일 재판」은 애초 「아사히신문을 추궁하는 국민회의」와 함께 재판을 진행하기로 한 것인데 도중에 갈라섰다. 원고 측 대리인 도쿠나가 신이치(德永信一) 변호사에 의하면 '국민운동'의 일환으로 진행하고 싶어 하는 측과, 순수한 재판으로만 진행하고 싶어 하는 측과의 갈등 때문이라고 하는데 어쨌든 복잡한 상황이었던 것 같다. 또 미국에서 진

35 전 연기자, 작가.

행중인 GAHT재판과도 거리를 두고 있는 듯하다.

공판이 여러 번 열렸던 「아사히신문을 추궁하는 국민회의」와 「아사히 글렌데일 재판」 모두가 해외에 끼치는 영향과, 재외 일본인의 피해가 쟁점이 되고 있다. 「아사히신문을 추궁하는 국민회의」는, 첫 번째 구두변론에서는 재미일본인 2명, 두 번째는 재호 일본인 2명이 의견진술을 통해 『아사히신문』 보도에 의한 '피해'를 주장하고 있다. 또, 네 번째 구두변론에서는 원고 측 변호사가 "다음부터는 해외의 『아사히신문』 영어보도가 얼마나 악영향을 끼치고 재외 일본인들을 괴롭히고 있는가를 입증하겠다"고 진술했다고 전해지는데 돌연 심리가 종료되었다. 「아사히 글렌데일 재판」에서는, 특히 아사히신문사의 제3자검증위원회 보고에 대항하는 보수계 학자들에 의한 보고서 주장이 중심을 이루고 있다. 『아사히신문』의 '프로파간다'가 미국이나 UN에 영향을 끼친다는 논지에 의거하여, 아사히의 '오보'에 의한 재미일본인의 '구체적인 피해사례'를 밝히는 것이라고 원고 측 다카하시 시로는 진술한다. 일본회의의 전폭적인 후원을 받아, 재미일본인들을 원고의 중심 자리에 앉히고 있는 이 재판은 '위안부' 문제를 둘러싼 '역사전'의 커다란 현장이라 해야 할 것이다.

외국의 연구자와 저널리스트에 대한 비난

'위안부' 문제에 대한 일본정부와 외무성의 대응에서, 2015년 3월 역사교과서에 대한 일본정부의 부당한 개입을 비판하고, 일본 역사전문가와 연대하겠다는 성명을, 19명의 미국 역사가들이 연명(連名)하여 발표했다. 그리고 5월 5일부로 해외의 일본연구 학자 187명(후에 457명)의 「일본 역사가를 지지하는 성명」이 공개되었다(제2장 참조).

우파 연구자들은 19명의 역사학연구자들의 성명에 대해, 같은 해 3월 17일에 하타 이쿠히코그룹 19명의 일본인 역사가가 작성한 「맥그로힐사에 대한 정정권고」를 발표했다. 또, 5월의 457명의 성명에 대해 8월 6일부로 와타나베 도시오(渡辺利夫, 도쿄공업대학 명예교수), 하타 이쿠히코, 후지오카 노부카쓰, 다카하시 시로, 야기 히데쓰구(八木秀次, 레이타쿠[麗澤]대학 교수) 등 110명의 학자들이 「위안부에 관한 미국학자 성명(聲明)에 대한 일본학자들의 답변」이라는 제목으로 성명을 발표했다. 나아가 10월 1일에는 가세 히데아키 대표 이름으로 〈'위안부의 진실' 국민운동〉의 「일본의 역사가를 지지하는 성명」에 대한 반대성명도 발표되었다. 평상시, 서로 대립하는 학자들까지 다수가 서명했던 8월의 성명은 비교적 부드러운 톤이었는데, 〈'위안부의 진실' 국민운동〉의 성명은, 「일본의 역사가를 지지하는 성명」을 '일본에 대한 혐오발언'이라고 단죄하는 등, 비판성명인 점에서는 같으나 스탠스 폭의 차이는 있다. 이 외에도 여러 우파 개인이나 그룹은 「일본의 역사가를 지지하는 성명」에 대한 비판성명을 메일 등을 통하여 필자를 포함한 해외의 일본연구 학자들에게 보내고 있다.

이러한 성명이 난무하는 와중에, 미국에서 발표된 성명의 중심에 선 학자들에게 욕설과 협박이 전달되는 사례도 자주 있었는데, 아마도 일본인들의 행동으로 생각된다. 특히 2015년 3월의, 19명의 미국 역사가들의 성명과, 5월의 「일본의 역사가를 지지하는 성명」 양쪽의 중심적 역할을 한 코네티컷대학(University of Connecticut) 교수 알렉시스 더든(Alexis Dudden, 역사학자)에게 쏟아지는 비난은 대단했다. 더든은, "2015년 2월부터 나는 메일과 우편으로 반복해서 공감과 살인 협박을 받았다. 그것들은 한 달에 약 40통의 '혐오' 메시지와, 그중 한두 통은 폭력·협박의 내용이었다"고 쓰고 있다.

또 당시 일본에 거주하는 영국인 프리 저널리스트 데이비드 맥닐(David Mcneill)도 "매국노" "이 나라에서 꺼져라" 등의 폭언을 인터넷상에서 많이 들었고, 다른 외국특파원들도 유사한 개인공격성 피해를 입었다고 쓰고 있다.

본서 제2장을 쓴, FeND(탈식민지화를 지향하는 페미니스트 네트워크)에서 활동하는 고야마 에미에 대한 비방, 중상도 대단하다. 트위터와 페이스북에서 본 갖가지 중상(中傷)뿐만 아니라, 현대사 전문가 하타 이쿠히코도 『정론』에서까지 고야마를 비방하고, 중상(中傷) 성격을 띤 정보를 기재하기도 했다. 우파는 여성과 성소수자들에 대한 악의에 찬 메시지를 여기저기 마구 써대고 비방하는 것이 평상시의 행동패턴이다.

또, 전 『아사히신문』 기자 우에무라 다카시가 미국대학 강연 투어를 했을 때, UCLA에서 포스트역을 맡았던 히라노 가쓰야(平野克弥)는 그 때문에 이미 예약되어 있던 자신의 강연을 취소할 수밖에 없었다고 한다. 게다가 나 자신도 집회에서 우에무라의 기조강연(基調講演)의 보조강연을 한 것과, 우에무라가 미국 강연 투어의 동인(動因)이 된 우에무라 논문을 번역한 것 등이 계기가 되어, 인터넷상에서 적지 않은 비난을 받았다. 2016년 3월에는 UN의 여성차별철폐위원회 위원에게 왕실전범(일본인은 '皇室典範'이라고 함)에 관해 압력을 넣었다는 등의 전혀 기억도 없는 일을 들어 우파 저널리스트로부터 트위터에서 욕을 먹기도 했지만, 욕설은 아직까지는 다행히 인터넷상에서 머무르고 있으며 더든 교수처럼 심각한 정도는 아니다.

우파의 영어발신 증가

앞서 말했듯이 〈사실을 세계로 발신하는 모임〉 등, 웹 사이트나 메일 등의 방법으로, 영어로 발신하는 단체는 전부터 있었다. 또 일본의 역사수정주의 계통의 서적이나 자료가 해외 연구자들에게 보내진 것도 처음은 아니다. 그러나 아베정권 이래 「고노 담화」의 재고가 주목받는 등 '위안부' 문제에 관심이 쏠리고, 2014년경부터는 아사히 검증보도에 대한 비난도 있고 해서 일본 우파들의 영어 발신은 확실히 증가했다. "일본에서 '위안부' 문제는 승리했기 때문에 이제부터 주 전쟁터는 미국이다"라고 우파는 보다 강하게 주장하게 되었고, 영어로 발신하는 것을 전보다 훨씬 중요시하게 되었다.

우파의 지식인이나 운동가들에 의해 외국특파원협회의 기자회견도 가끔 열렸다. 또, 영어 혹은 영일 양국어의 사이트 제작은 전부터 〈사실을 세계로 발신하는 모임〉이 하고 있었는데, '위안부' 문제의 패널제작과 패널전시회 개최를 주요 활동으로 하는 〈날조 위안부 문제를 규탄하는 일본유지(日本有志) 모임〉도 2014년 8월 이후 영어 정보도 포함한 발신을 블로그에 올렸다. 페이스북에서도 영어로 '위안부' 부정론 등을 발신하는 재외 일본인 페이지가 나와 있고, 유튜브 등의 동영상 공유사이트에도 '위안부' 부정론 동영상이 증가했다. 또한 본서 제2장에서 고야마가 자세히 설명했듯이, 다니야마 유지로는 '위안부' 문제 부정론 영화《스코츠버러의 소녀들(Scottsboro Girls)》를 제작하여 미국 센트럴워싱턴대학에서 상영회를 개최했다.

우파는 이처럼 갖가지 수단으로 영어 발신을 시도하고는 있지만, 일본의 우파의 입장에서 쓴 학술서도, 일본어서적 번역서도, 영미권에서 인정받는 학술계 출판사에서 나온 것은 아직 없다. 우파운동에 관련된 사람들을 상대로 취재한 바로는, '위안부' 문제에 관해서는 『Comfort Women』(Columbia University Press, 2002)[36]이 저명한 학술출판사 컬럼비아대학 출판회에서 출판된 것을 비롯하여 많은 영어 서적이 있는 반면, 우파 자신들의 진영에서 학술서가 나오지 않는 것은, 미국 정치인들을 설득하기에 역부족이어서 뭔가 사정이 있는 것처럼 보인다. 예를 들면,

36   요시미 요시아키(吉見義明) 『종군위안부』(이와나미신쇼[岩波新書] 1995 영역본.

앞서 소개한 하타 이쿠히코의 『위안부와 전장(戰場)의 성(性)』을 출판할 수 있으면 좋겠다는 말도 여러 번 들은 적이 있다. 일본의 우파가 미국에서 '역사전'을 전개하는 데 있어 최대의 약점 중 하나가 영문 서적의 부족, 특히 학술서의 부족이며 우파도 그 사실을 자각하고 있을 것이다.

영어 발신의 필요성을 깊이 인식하고 있는 우파단체는, 영문 또는 영일 양국어로 쓰인 '위안부' 문제의 팸플릿을 제작하여 무료로 배포하기도 하고 사이트에 게재하기도 한다. 예를 들면, 〈사실을 세계로 발신하는 모임〉에 가세하여 〈일본정책연구센터〉와 〈'위안부의 진실' 국민운동〉 〈나데시코 액션〉 등이 영문 팸플릿을 제작하여, 판매, 송부 또는 배포활동을 하고 있다.

또 서적의 영역본 발행도 하기 시작했다. 예를 들면, 글렌데일 재판 원고였던 메라 고이치는 영어로 『Comfort Women not "Sex Slaves": Rectifying the Myriad of Perspectives』(XIibris US, 2015)라는 서적을 출판했다. 또 산케이신문사의 『역사전』(산케이신문출판, 2014년)의 영일대역판, 『History Wars』[37]와, 오선화 『왜 '반일 한국에 미래는 없는'것인가』(쇼가쿠칸신서[小学館新書], 2013년)의 영

---

37 고모리 요시히사(古森義久) 감수 역, 산케이신문출판, 2015.

역판 『Getting Over It!: Why Korea Needs to Stop Bashing Japan』(다치바나출판, 2015년)도 출판했다. 오선화 는, 「'Getting Over It!: Why Korea Needs to Stop Bashing Japan' 3,000부, 미국 정치인, 연구자, 도서관 등에 송부」 라는 내용의 후원을 〈일반사단법인 이마이 미쓰로 문화 도덕역사교육연구회〉[38]로부터 받고 있다. 나에게도 저자 로부터 이 서적이 보내져왔고, 그 외에도 이 책을 받은 연 구자들이 많다.

GAHT도, 메라의 책과 오선화의 서적, 산케이신문사 의 역사전의 책을 샌프란시스코 시의회와 100명 이상의 일본연구 학자들에게 송부했다고 사이트상에서 보고하 고 있다. 메라가 저서를 출판한 Xibris는 자비출판 전문이 며, 또 오선화의 저서 영어판을 출판한 다치바나출판과 역사전 대역판을 낸 산케이신문사는 판권이 일본에 있기 때문에 이 책들이 미국 서적 시장에서 팔릴 일은 거의 없 지만, 여러 곳으로 송부할 목적에서 출판한 것 같다. 메라 는 앞으로 일본의 제2차 세계대전 관여에 관한 영문서적 을 출판할 예정이라고 한다.

이 같은 서적을 때때로 받아보는 가운데, 2015년 10월,

---

38 주택사업회사 후지주택의 이마이 미쓰로(今井光郎) 회장이 이사직 을 맡고 있다.

그림 4-3

〈나데시코 액션〉 등에 의한 영문 팸플릿

미국 몬타나주 내가 근무하고 있는 대학 주소로 자민당 이노구치 구니코(猪口邦子) 참의원 의원이 보낸 소포가 왔다. 나는 이노구치 의원과 일면식도 없다. 봉투에는 발신처로 이노구치 의원의 이름과 직함이 적혀 있고, 부주소로 워싱턴 후지산케이 커뮤니케이션즈 인터내셔널 지사 주소가 기재되어 있었다. 안에는 서적 2권과 인터넷 기사 카피가 3부, 그리고 이노구치 의원 사인이 있는 편지가 동봉되어 있었다. 동봉된 책은 오선화의 『Getting Over It!』과 산케이신문사의 『History Wars』였다.

동봉된 인터넷매체가 쓴 3점의 영문기사는 모두가 한국을 비판하는 내용이었다. 내가 지인들에게 들은 바로는 「일본 역사가를 지지하는 성명」에 서명한 연구자들과 그밖의 연구자(정치학자 등) 및 일본의 외국특파원들에게 송달되었다(제3장에서도 소개했듯이, 오스트레일리아의 테사 모리스 스즈키에게도 전달되었다).

이노구치 의원은 지금까지 역사수정주의적인 발언으로 알려진 의원은 아니고, 국제정치학자도 더더욱 아니다. 정말 이 서적들의 내용을 이해하고 보낸 것일까, 이름만 빌려준 것은 아닐까, 등의 가능성도 부정할 수 없었다. 그래서 발신처가 정말 이노구치의원 사무소인지 확인하려고 나는 이노구치 사무소에 국제전화를 해봤다. 그러자 이노구치의원 본인이 직접 받아 15분 정도 이야기를 나눌 수 있었다.

결과적으로 이 서적들은 이노구치 의원이 직접 보낸 것으로 확인되었다. 이노구치 의원의 말로는, 자민당의 대외발신 일환으로 팀이 구성되어 있다고 한다. 동봉한 편지는 이노구치 의원 개인이 아니라, 그 팀이 쓴 것으로, 실질적으로 이노구치 의원 이름을 사용하여 팀에서 보낸 것이라고 했다. "대외발신 일환으로, 다양한 자료가 있으면 좋겠다고 생각하고, 영어로 쓴 서적이 적어서 이 서적을 보낸 것이다. 반대로 한국의 입장 등은 영어로 되어 있어서"라고 이노구치는 설명했다. 그런데 이노구치가 전화로 나에게 말한 「고노 담화」 존중, 한일교류추진, 아시아여성기금에 대한 평가 등의 주장과, 「고노 담화」를 부정(산케이 역사전)하고, 한일단교까지 시사하는(오선화) 이 2권의 책의 주장은 전혀 다른 것이었다.

이러한 책을 받은 역사 전문가나 저널리스트들에게 메일을 통해 감상을 들어보았는데, 모두가 비판적이었다. 예를 들면, "불쾌하다, 믿을 수 없다, 너무한다"부터, "자민당과 아베정권의 프로파간다인 것이 확실하고 학술적 가치가 없다" "역사연구를 전혀 참조하고 있지 않다" "자민당이 이런 책을 보내 해외학자들의 생각을 바꿀 수 있

그림 4-4
이노구치구니코 참의원 의원으로부터
필자에게 보내진 편지와 서적.
수신인은 'M. Tomomi Yamaguchi'으로 되어 있다.
오른 쪽 편지에 이노구치 서명이 있다.

고, 재교육이 가능하다고 생각하고 있다는 사실이 믿어지지 않는다"까지. 또 많은 사람들이, 이 책을 도대체 어디서 나온 자금으로 보내고 있는지, 공적자금이 아닌가 하는 의문도 품고 있었다. 참고로 TBS 라디오와, 『도쿄신문』『아사히신문』 등이 이 이노구치 의원의 책 송부 건을 취재했는데, 자금의 출처는 잘 모르는 상태로 끝났다.

이들 의견에서도 알 수 있듯이, 해외 연구자나 저널리스트에게 이러한 서적을 보낸 것은 분명히 역효과라고 말할 수 있다. 더욱이 이노구치 의원이 보낸 서적은 가와이 가쓰유키(河井克行) 총리보좌관 등 자민당의원그룹이 워싱턴DC를 방문했을 때에도 만나는 요인들에게 배포했다고 한다. 여기서 자민당의원들 자신들이 '역사전'과 관계가 있다는 사실을 감추려하고 있지 않다는 것을 알 수 있다.

2016년 2월, 이번에는 덴쓰(電通)[39]에서 메일이 왔다. 일본정부가 발행하고 있는 『우리는 친구(We Are Tomodachi)』(그림 4-5. 『도모다치』지[誌]로 약칭)라는 영문 정부홍보지에 대해, 열람 후 코멘트를 부탁하는 내용이었다. 링크된 『도모다치』지를 열람해보니, 아베 총리 업무 성과 홍보가 주된

---

39 일본 최대 광고대리점. 광고업계에서는 세계 5대 그룹에 듦.

목적으로밖에 보이지 않았다. 흡사 '아베 그라비아 사진 집'과 같은 잡지였다. 아베 총리 사진에 가려, 잠깐 관광이나 도호쿠(東北)의 부흥, 문화에 관한 정보가 기재되는 정도였다. 내가 가르치는 학생들에게 보였더니 "프로파간다로밖에 보이지 않는다"는 반응이었다. 이것은 정부 홍보 예산으로 제작되어 다운로드 판, 킨들(Kindle)판 그리고 인쇄판도 만들어, 총리나 대신 등 요직에 있는 사람들이 해외에 갈 때 배포하는 일도 있는 것 같다. 2013년 겨울부터 발행하기 시작한 『도모다치』지는, 초기에는 독도(일본인은 다케시마라 칭함), 센카쿠(尖閣) 등의 일본영토 문제와 동해(일본인은 일본해) 명칭 문제에 관한 정부의 주장이 게재되어 있어 '역사전'의 일환으로 보였다.

또 외무성은 런던, 로스앤젤레스에서 덴쓰 등을 사업주로 한 〈올 재팬〉의 발신거점인 재팬 하우스'를 설치할 예정이다. "재팬 하우스는, 전략적 대외발신 강화의 일환으로 일본의 바른 모습과 다양한 매력을 침투시켜, 지일파(知日派)·친일파(親日派) 세력을 넓히는 것을 목적으로, 시내 1급 토지에 설치하는 것을 계획하고 있습니다"라며, '정책, 국제공헌을 소개'하고, '일본에 대한 이해의 기반을 강화'하는 것이 최종 목적으로 들고 있다. 원래 구상 단계에서는 영토문제와 역사인식 등에 대해 정부의 주장

그림 4-5

정부가 발행한 『We Are Tomodachi』 Spring 2016 표지와 중간페이지(상단).
'We Are Tomodachi' Spring 2014에 게재된 센카쿠 열도에 대한 페이지(하단).

을 전하는 해외거점으로 할 예정이었는데, 전문가회의에서 '프로파간다 하우스로 인식되면 사람들이 모이지 않는다' 등의 이론(異論)이 받아들여져 일본문화를 소개하는 '소프트 노선'으로 바꿨다고 보도되었다.

이처럼 '도모다치'지와 '재팬 하우스' 계획은 현 단계에서는 노골적인 영토문제와 역사인식 문제에는 발을 들여놓지는 않았지만, 계획 초기에는 그러한 문제를 주안으로 구상한 것을 보면, 앞으로의 방향성이 바뀔 가능성이 있으므로 주시할 필요가 있다.

'역사전'과 UN, 외무성

우파는 미국이 '위안부' 문제의 주 전쟁터라고 주장해왔는데, 또 하나의 타깃은 UN이다. 〈가족의 유대를 지키는 모임 FAVS〉는 이미 2000년대 후반부터 UN활동을 개시했는데, 2014년경부터 '위안부' 문제에 관해서 일본의 우파시민들의 움직임이 활발해지기 시작했다.

2014년 제네바에서 열린 자유권규약위원회에 〈'위안부의 진실' 국민운동〉이 대표단을 파견했다. 참가자는 〈나데시코 액션〉〈편찬하는 모임〉〈텍사스 아버지〉 및 일본사무국, 〈논파프로젝트〉〈가족의 유대를 지키는 모임 FAVS〉〈미풍〉, 일본회의 등의 멤버로 아주 다양하다. 이것을 시작으로 2015년 3월에는 뉴욕에서 열리는 여성지위위원회 회합시기에 맞춰, 토니 마라노, 다카하시 시로, 야마모토 유미코, 후지키 슌이치(「텍사스 아버지」 일본사무국), 후지이 미쓰히코(藤井 実彦〈논파프로젝트〉) 등의 멤버가 뉴욕 시내에서 〈텍사스 나이트 in NYC〉라는 이벤트를 개최했다. 또, 2015년 7월에도 UN의 여자차별철폐위원회가 열리고 있던 제네바에, 야마모토와 마라노, 후지이그룹에 가세하여 전 중의원 의원 스기타 미오와 〈편찬하는 모임〉 부회장 오카노 도시아키도 참가했다고 한다. 2016년 2월에는 야마모토, 스기타그룹의 우파가 제네바 여자차별위원회에 참가했고, 같은 해 3월 뉴욕에서 열린 여성의 지위위원회에는 야마모토, 스기타, 마라노, 후지이, 후지키, 호소야 기요시(FAVS) 등이, 2회 병행기획을 포함한 합계 4회의 집회를 개최하는 등 활발한 활동을 보이고 있다.

UN에 의견서를 제출하는 등 많은 활동을 하고 있지만, 현실적으로 이러한 〈'위안부의 진실' 국민운동〉 계통의 의견서 및 활동은 전혀 호소력이 없을 것이다. 오히려 일본정부 그리고 정부와 협력관계에 있는 주류보수의 동향에 주목할 필요가 있다.

2015년 12월, '위안부' 문제에 관한 한일회담 결과, 양국이 '합의'했다. 당시까지는 아베 총리를 비롯한 보수정치인들의 발언과, 요미우리와 산케이 등의 보수 매스컴, 일본회의 등, 정권과 친밀한 주류보수운동, 나아가 재특회 등의 배외주의운동에 이르기까지 '위안부' 문제에 관한 인식의 차이는 실질적으로는 없는 상황이었다. 그 때문에 다양한 우파운동과, 우파 미디어, 그리고 자민당이나 차세대당 의원과 정권이 의기투합하여 국내뿐만 아니라 세계를 상대로 '위안부' 부정을 향한 '역사전'에 돌입한 것이다.

그러나 아베정권이 체결한 '합의'에 대한 반응은 우파 사이에서도 의견이 분분했다. 합의 직후 〈분발하라 일본!〉은 항의운동에 돌입했고, 〈편찬하는 모임〉과 〈나데시코 액션〉 등의 〈'위안부의 진실' 국민운동〉 계통, GAHT 등도 '합의'에 강력히 반발. 또 나카니시 데루마사(中西輝政), 니시오카 쓰토무 등의 주류보수계 논객도 반대 입장을 표방했다. 그러나 정권과 밀착되어 있는 주류보수, 예를 들면 야기 히데쓰구, 다카하시 시로 등은 '합의'를 어느 정도 평가하는 코멘트를 내놓았고, 일본회의와 일본정책연구센터 등의 보수단체는 아무런 성명을 발표하지 않았으며 기관지에서도 언급을 별로 하지 않았다.

이처럼 우파가 분열되는 가운데, 2016년 12월 16일, UN제네바본부의 여성차별철폐위원회의 정부보고 심사에서 스기야마 신스케 외무심의관은 "일본정부가 발견한 자료 중에는 군이나 관헌에 의한 이른바 강제연행이라는 것을 확인할 수 없었습니다"라고 했다. 또 요시다 증언에 관해서 "당시 일본의 주요 신문사 중의 하나인 아사히신문사에 의해 마치 사실인 것처럼 보도되어, 한국, 일본의 여론뿐만 아니라 국제사회에도 커다란 영향을 끼쳤습니다"라고 발언했다. 그리고 『아사히신문』이 여자정신대와 위안부를 혼동한 것이 '20만 명'이라는 숫자의 근거가 되었으며, "'성노예'라는 표현은 사실에 반합니다"라고 역설했다.

이러한 주장은 지금까지 우파의 지식인과 운동가, 자민당 정치인들이 해온 것과 별반 차이가 없지만, 이번 UN에서 외무성이 일본정부의 공식 견해로 우파와 같은 역사관을 발표한 점, 나아가서는 사기업인 아사히신문사를 비판했다는 점이 큰 특징이다. 즉 '역사전'이 일본정부에 의해 UN이라는 특정 장소에서 전개된 것인데 막상 공격받은 측은 우파의 공격대상이라 할 수 있는 아사히신문사였다. 앞으로도, 대외적으로도 공격해도 문제가 없다고 인식되는 아사히신문사에 대한 비난은 정부로부터도 우파로부터도 거세질 전망이다.

2015년 10월 9일, 유네스코 기억유산에 난징대학살 자료가 등록되었는데, 이 유네스코현장에 다카하시 시로가 옵서버 자격으로 참가했고 외무성은 다카하시 의견서도 제출했다.

이처럼 다카하시는 현재 외무성과 밀접한 관계에 있는 것 같다. 다카하시는 신간서 『'일본을 해체하는' 전쟁 프로파간다의 현재—WGIP의 원류를 살피다』(다카라지마사[宝島社], 2016년)에서, 2017년 등록을 목표로 중국이 '위안부'에 관한 자료를 재신청하기로 하여, 한국, 북한, 타이완, 필리핀, 네덜란드와 공동으로 신청할 예정이다. "지금까지 위안부 문제의 중심은 한국이었으나 이번에는 그 주역이 중국으로 바뀌었고 게다가 주변 피해국까지 합세할 모양새다. 전후 70년이 지나 새로운 대일 포위망이 형성되고 있다"고 설명한다. 다카하시는 또 앞으로는 '중국인 위안부' 문제에 주목해야 한다고 적시하고, "지금 우리는 유네스코 기억유산 '난징대학살'에 이어, 위안부를 둘러싼 정보전, 역사전의 중대한 갈림길에 서게 되었다. 외야로부터 야유를 쏟아내며 요구할 뿐만 아니라, 내야로 내려와 관민일체가 되어 함께 싸워, 이 국난을 의연히 대처하는 결단이 요구된다"고 쓰고 있다. 역으로 '합의'가

'대참사'였다고 주장하는 나카니시 데루마사는 아베정권을 '외무성을 위한 정권'이며 '역사좌파'라 단정하고, 이제 기대할 것도 없다고 말한다. 그리고 "민간의 힘만으로 '일본의 주장'을 세계에 호소하는 기개를 되찾아야 한다"고 주장한다.

이와 같이 '한일합의' 후, 우파의 입장은 분열하고 있지만, 일본정부도 우파도 '위안부' 문제를 둘러싼 '역사전'을 종식시킬 것 같지 않다. 아마도 이번에는 타깃을 한국보다는 『아사히신문』과 중국에 두고, 보다 관민일체(官民一體) 결속을 강화하여 다양한 홍보활동을 전개하면서 캠페인을 폭넓게 전개할 것이다.

이 책이 일본에서 출판된 2016년 6월 이후, 본장의 테마였던 「관민일체의 역사전」의 움직임은 보다 노골적인 양상을 보이고 있다. 한일합의로 인해 분열된 우파는, 그 후 분열상태는 어느 정도 안정되었고, 한일합의라는 명분을 내세워 한국과 해외에서 설치한 '위안부' 소녀상과 추모비에 대해 일본정부와 우파는 더욱 거세게 반대하고 있다.

2014년 2월에 〈역사의 진실을 묻는 세계연합회〉(GAHT)가 글렌데일 시를 상대로 미국 연방지방재판소에 제소한 제판은, 2017년 3월 연방최고재판에서 GAHT 패소가 확정되었다. 결국 연방재판소, 주재판소 모두 참패로 끝났는데, 같은 해 2월, 일본정부가 미연방최고재판소에 GAHT의 상고가 받아들여져야 한다는 내용의 의견서를 제출했다. 이는 정말 이례적이라 할 수 있다. 또 북미 각지와 독일, 오스트레일리아 등지에서 '위안부' 소녀상과 추모비가 설치됨에 따라 일본정부와 우파의 항의활동도 활발해지고 있다. 예를 들면, 조지아 주 브룩헤이븐 시 공원에 2017년 6월 30일, '위안부'소녀상이 설치되었다. 글렌데일 시의 소녀상에 이어 미국에서 두 번째로 공유지에 세워진 소녀상이다. 원래 애틀랜타 시 지역 시민단체 요청으로 공민권인권센터에 설치할 예정이었는데, 3월에 돌연 취소(불허)되었다. 그 배경에는 애틀랜타주재 일본 총영사관의 압력이 있었다고 전해진다. 시민단체는 그 소녀상을 부근의 브룩헤이븐 시에 기증했고 시는 이를 받아들였다. 그런데 총영사관은 브룩헤이븐 시에도 설치 철회를 거듭하여 강하게 요청했다.

시노쓰카 다카시 애틀랜타 총영사는 6월 23일자 지방지 『리포터 뉴스페이퍼스』 인터뷰기사에서, "역사적 사실로서 위안부는 성노예가 아니며 강제동원되지도 않았다", "아시아 여러 나라에서는 가족을 부양하기 위해 이 일을 선택한 여자도 있다", '위안부' 소녀상은 "일본에 대한 증오와 분노의 상징이다"고 발언했다. 취재기자는, 총영사가 위안부는 매춘부라고 말했다고 정리했다.

이 발언은 그 지방 시민단체뿐만 아니라 한국정부도 반발하여 국제문제로 발전했다. 그 후 6월 29일에는 시의회에서 시민이 의견을 개진하는 퍼블릭 코멘트(Public Comment)[40] 기회를 얻어, 오야마 도모코(大山智子) 영사와 〈텍사스 아버지〉의 토니 마라노, 행복의 과학 애틀랜타 지부 관계자 등이 소녀상 설치에 반대하는 의견을 냈다. 요컨대 일본 총영사관이 공공연히 역사수정주의에 가담하여 총영사도 지방지라는 공적 언론을 통해 '위안부' 폭언을 한 것이다.

이처럼 2017년에 들어서서 일본정부의 움직임이 보다 노골화되고 있다. 『산케이신문』 보도에 의하면, 뉴욕 한인회가 입주한 건물 안에 '이민사박물관' 전시품으로 설치되어 10월 13일에 선을 보인 소녀상에 관해서도 뉴욕 주재 일본 총영사관은 의원들에게 항의와 제막식 출석 거부를 요청하기도 했다고 한다. 이 소녀상은 민간소유의 건물 안에 있는 박물관에 다른 미술작품과 함께 전시된 것이다. 일본정부는 이제 공유지에 설치된 소녀상이나 추

---

40 시민들이 시정 현안 등에 대해 입장을 밝히고 시장과 시의원은 의무적으로 경청하는 제도.

모비뿐만 아니라, 일반인이 사유지에 설치한 것에 대해서도 막무가내로 항의를 하고 있다.

또 9월 22일에 선보인 샌프란시스코 '위안부' 추모비는, 처음에는 시내 사유지에 소녀상과 비문이 설치되어 있었는데, 그 토지가 시에 기증될 예정이었다. 이에 대해 샌프란시스코 시의 자매도시인 오사카 시 요시무라 히로후미(吉村洋文) 시장이 반발하여, 기증을 받아들인다면 자매도시 관계를 파기하겠다는 서간을 샌프란시스코 시장 앞으로 보냈다. 그러나 10월 17일에는, '위안부' 추모비가 서 있는 토지는 결국 기증 형식으로 공유지가 되었다. 앞으로 오사카 시의 대응이 주목된다. 이처럼 정부뿐만 아니라 자치체의 움직임도 활발해지고 있다.

일본에서는 아사히신문사를 상대로, 〈'힘내라 일본! 전국행동위원회〉(미즈시마 사토루 대표)계통의 〈아사히신문을 규탄하는 국민회의〉, 〈아사히신문을 바로잡는 모임〉, 일본회의의 세 우파단체가 제소한 「아사히 글렌데일 재판」이 각각 진행되고 있었는데, 이 중 〈아사히신문을 규탄하는 국민회의〉의 소송 건은 도쿄지방법원에서 패소했고, 9월 29일 도쿄고등법원의 공소심판결에서도 원고의 공소기각으로 끝났다. 또 〈아사히신문을 바로잡는 모임〉도 도쿄에서 소송전을 벌였으나 지방법원, 고등법원에서 모두 패소했고, 현재 대법원에 상고중이다. 그리고 〈아사히 신문을 바로잡는 모임〉은 고후(甲府) 지방법원에도 제소했는데 판결은 2017년 11월에 날 예정이다. 「아사히 글렌데일 재판」은, 아사히신문사의 '오보' 때문에 국제여론의 오해를 샀고 피해를 입었다고 주장한 로스앤젤레스 부근에 사는 재미일본인을 주 원고로 내세워 제소했는데, 2017년 4월 27일 도쿄지방법원에서 원고 패소판결이 내려졌고 현재도 소송 중에 있다. 그러한 가운데, 「아사히 글렌데일 재판」의 주 원고그룹 중에서 두 사람은, 일본인에 대한 이지메의 존재 등의 주장이나 방침이 의문스럽다는 이유로 공소심 원고 자리에서 하차한 일도 있었다.

일본회의와 친분이 있고, 「아사히 글렌데일 재판」과 일본정책연구센터의 '독립검증위원회'에도 깊이 관여해온 니시오카 쓰토무, 다카하시 시로, 야마오카 뎃슈(山岡鉄秀) 등은 2016년 9월 〈역사인식문제연구회〉를 설립했다. 동 연구회는 「호소문」을 통해 '위안부' 문제에 있어 국내 논쟁에서는 나름 성과가 있었다고 인정하면서도, "국제사회에서는 아직도 반일세력의 영향력이 강한"데, "우리 정부는 체계적이고 또한 조직적인 반론을 아직 본격적으로 제기하고 있지 않다"고 지적하고 있다. 그리고 그러한 이유에서 '우리나라의 명예를 지키기 위한 기초연구를 하는' 것을 목적으로 연구회를 설립하여, 연구, 자료수집, 젊은 연구자 육성은 물론, 외국어를 사용한 정보발신과 정부, 관계기관에도 제언(提言)할 생각이라고 한다.

〈역사인식문제연구회〉는 2017년 9월 26일, 「유네스코 위안부 등록을 해주지 말라!」라는 테마로 '긴급심포지움'을 개최했고, 또 10월 16일에는 기자회견을 열어, 8개국 NGO의 유네스코 「세계의 기억」 프로그램의 「'위안부'의 목소리」(일본군 '위안부' 문제 관련자료) 등록에 반대하여 89명의 학자들의 서명과 함께, 「『세계의 기억』 일본군 『위안부의 목소리』 공동신청등록에 반대하는 일본학자들의 성명」을 발표했다. 성명문은, 좌익성향의 일본 학자들이나 민간단체가 협의 자체를 거부하고 있다고 비판하면서 때문에 등록 절차상 문제가 있다고 지적했다. 또 내용에 대해서도 "일본군위안부를 성노예라 하는 것은 일본 대부분의 학자들이나 한미의 유력한 학자들의 견해에 반하는 것이다", "공동신청이 일본군 위안부제도를 홀로코스트에 필적하는 전쟁비극이라고 주장하고 있는 것은 악의에 찬 중상모략이다", 나아가 '위안부' 소녀상에 대해서는 "소녀상 때문에 일본계 어린이에 대한 이지메 등이 지역사회의 평화로운 공생을 저해하는 분쟁의 상징이 되고 있다"고 주장하고 있다.

유네스코 「세계의 기억」을 둘러싸고 피해국 NGO와 Women's Active Museum(여성들의 전쟁과 평화자료관, 약칭 WAM)이 「'위안부' 목소리」의 등록을 공동신청한 것에 대해 WAM과 관련된 자를 거명하면서 우파 논단지 등에 비판 기사를 게재했다. 2016년 10월 5일에는 '조일적보대(朝日赤報隊)'라고 밝히고 WAM에 폭파하겠다는 내용의 엽서를 보내기도 했다.

향후 유네스코 「세계의 기억」을 둘러싼 관민일체의 '역사전'이 활발해지고, '위안부' 문제에 관련된 단체나 개인에 대한 비난도 강해질 것이다. 지금까지도 일본정부는, 2015년의 난징대학살 관련문서 등록을 둘러싸고 유네스코에 대한 지원금 지불을 보류하고 있다. 그러한 가운데, 10월 12일에 미국이 유네스코의 이스라엘에 대한 태도 등을 이유로 유네스코 탈퇴를 표명한 일도 있고 해서, 일본정부도 이에 편승하여, 일본군 '위안부' 문제 관련자료를 빌미로 탈퇴를 염두에 두고 '역사전'을 전개할 가능성도 배제할 수 없다. 자공정권(自公政權)[41]이 계속되는 가운데, 관민일체의 '역사전'이 더욱 폭넓게 그리고 노골적으로 전개될 가능성도 높아, 보다 세심하게 지켜볼 필요가 있다.

41   일본 자민당과 공민당의 연립정권.

맺음말

침투·확산하는 역사수정주의에 어떻게 대처할 것인가

제1장과 제4장에서는 1990년대부터 현재에 이르기까지의 역사수정주의의 전개를 각각 '언론'과 '운동'의 측면에서 개관했다. 제2장, 제3장은 현재에 초점을 맞춰 해외에서의 '역사전'의 현상과 그에 대한 반향(反響)을 다루었다. 이 20년간 '위안부' 문제 부정론이 정치의 중추에 침투하여, 일본정부의 외교정책을 크게 좌우하게 된 사실을 이해했으리라 생각한다.

'역사전'에서 관민연대 정황을 보여주는 사례를 또 하나 소개하겠다. 〈일본전략연구포럼〉은 1999년에 설립된 싱크탱크며, 간부나 고문, 정책제언위원으로는 아베 신조의 측근 중의 측근이라 불리는 에토 세이이치 참의원 의원 등의 우파정치인, 아베와 가까운 사이로 알려진 가사이 요시유키(葛西敬之) JR도카이(東海) 명예회장 등이 재계

인사, 다카하시 시로, 후지오카 노부카쓰, 가세 히데아키 등 본서에 등장한 우파 지식인들이 이름을 열거하고 있다. 무엇보다 눈에 띄는 것은 자위대 OB와 외무성 OB가 다수 관여하고 있는 점이다. 현 대표이사·회장인 히라바야시 히로시(平林博)[1]도 전 외교관이다. 방위성이나 외무성에서 조사사업을 수탁(受託)하기도 하고, 현역 자위관(自衛官)이 기관지 『일본전략연구 포럼 계보(季報)』에 기고하기도 하는 관계를 유지하고 있다. 상기의 포럼이 2015년 4월에 개최한 제32회 정례 심포지엄 테마가 「『역사전』을 어떻게 싸울 것인가」였고, 그 내용은 『일본전략연구 포럼 계보(季報)』 제65호(2015년 7월)에 게재되었다.

이 심포지엄에는 '위안부' 문제 부정론의 선두역할을 하는 인물이며, 저널리스트로 국가기본문제연구소 이사장 사쿠라이 요시코가 「일본의 침묵, 지금 입을 열 때」라는 제목의 비디오 메시지를 띄우고 있다. 거기서 사쿠라이는 쿠마라스와미 보고에 포함된 과거 '위안부' 피해자의 증언에 대해 "일본인이라면 절대로 할 수 없는 야만적이고, 잔혹한 죄"라고 부인하며, 11세기에 만들어진 중국의 역사서 『자치통감』[2]을 예로 들면서 "과거 위안부였다

---

1 외교관, 인도특명전권대사, 프랑스특명전권대사 역임.
2 1084년 11월에 완성된, 북송의 사마광이 지은 중국 역사서.

고 한 여성들이 이러한 식으로 일본군에게 시달리고 고문을 받은 끝에 죽임을 당했다는 증언과 동일한 내용의 형벌이 중국에서 죄인이나 정적(政敵)에게 가해진 형벌과 완전 일치한다는 것을 알았습니다"라고 주장하고 있다. 평론가 황문웅(黃文雄)[3]그룹한테서 우파논단의 논리를 답습한 이 논법은, 제1장에서도 거론한 본질주의적 민족관에 근거를 둔 것인데, 정부여당과 연대하고 있는 싱크탱크가 주최하는 심포지엄에서 이와 같은 노골적인 인종주의가 무비판적으로 흘려보내지는 식으로, 우파논단의 논리는 이 사회 중추에 침식하고 있는 것이다.

우리 4명의 필자들이 모두 지적하듯이, 일본군 '위안부' 문제에 관한 일본 우파의 주장이 국제사회에 수용되어, '역사전'이 그 전략적인 목표를 달성할 현실적인 가능성은 없다. 본서 집필 중에 간행된 나카니시 데루마사와 니시오카 쓰토무 공저 『왜 일본은 역사전에서 계속 패하고 있는가』[4]의 타이틀은, 국제사회에서의 '투쟁'의 냉혹함을 우파자신도 자각하고 있음을 보여주고 있다. 단,

3 타이완출신 일본의 평론가. 전공은 서양경제사. 다쿠쇼쿠대학 일본문화연구소 객원교수. 주권회복을 지향하는 모임 고문.
4 닛폰지쓰교(日本実業)출판사 2016년 3월.

일본사회 내부에 대해서는 사정이 다르다. "국내에서의 투쟁은 완승했다"고 주장하는 그들 자신은 객관적 뒷받침이 없는 객기가 아니다. 그것을 여실히 보여주는 것이 2015년 12월 28일에 발표된 '위안부' 문제를 둘러싼 한일 '합의'와 그 후의 일본정부의 행실에 대한 주요 미디어와 야당 각 당의 반응이다.

아시아여성기금 사업이 받아들여지지 않은 것은 한국만이 아니다. 타이완에서도 절반 이상의 과거 '위안부' 피해자는 기금 사업을 거부했다. 기금 사업이 받아들여졌다고 평가할 수 있는 나라에도 정부의 보상을 계속 요구하는 피해자는 존재하고 있다. 이 같은 사정을 완전히 무시한 이번 '합의'는 애초부터 일본군의 '위안부' 문제를 해결하려는 의지조차도 없었던 것이 아닐까. 서울의 '평화의 비(소녀상)'라는 사소한 기념물에 대한 일본 측의 집요한 철거요구는, 「고노 담화」가 보여준 '우리는, 역사연구, 역사교육을 통하여, 이와 같은 문제를 영원히 기억에 새겨, 똑같은 과오를 절대로 되풀이하지 않는다는 굳은 결의'를 무시하고, 과거 일본군의 '위안소' 제도에 관한 역사적 기억을 봉쇄하고 싶어 하는 욕망의 표현이 아닐까. 이러한 의문을 주류미디어와 야당이 명확하게 지적하지 않았다고 할 수 있다.

그뿐만이 아니다. 제3장, 제4장에서도 언급된 일본정부에 의한 '강제연행'을 부인하는 의도가 깔린 2007년(제1차 아베 내각 당시)의 '각의결정(閣議決定)'의 기만도 미디어에서는 거의 묵살되고 있다. 쓰지모토 기요미(辻元清美)[5] 중의원 의원이 제166회 국회에서 제출한 「아베 총리의 '위안부' 문제 인식에 관한 질문주의서(質問主意書)」에 답한 답변서(2007년 3월 16일)는 "같은 날(「고노 담화」가 발표된 1993년 8월 4일을 가리킴)의 조사결과 발표 때까지 정부가 발견한 자료 중에는, 군이나 관헌에 의한 이른바 강제연행을 직접적으로 의미하는 기술(記述)은 발견되지 않는다"고 적시하고 있다. 이 답변서가 이른바 '스마랑사건'의 자료를 무시하고 있는 것에 대해서는 제3장에서 지적한대로다. 『아사히신문』의 「요시다 증언」 보도가 국제사회에 '오해'를 불러일으켰다고 주장하는 일본정부는, 그 『아사히신문』이 1992년 7월 2일 석간 1면 톱기사로 보도한(그림1-1) 내용에 완전히 실망한 것 같다.

그런데 이 각의결정은 동시에, 1993년 8월 4일 이후에 연구자와 지원자들이 발굴해온 많은 자료(연합국에 의한 전범재판자료를 포함한 공문서자료만으로 500점이 넘는다)를 무시하

5 민진당(民進黨) 소속 중의원 의원(6기).

그림 1 『아사히신문』 1992년 7월 2일 1면

고 성사시킨 것이다. 이 2중 기만에 대해서는 제183회 국회와 제185회 국회에서 일본공산당 소속 의원이 질문주의서에서 추궁하고 있는데, 그 사실은 과연 이 사회에 얼마만큼 알려질까.「고노 담화」발표에서 2007년 각의결정까지 14년, 현재까지라면 이미 23년이 경과했다. 이 기간 동안의 조사연구 성과를 완전히 무시한 주장을 정부는 태연히 펼치고, 매스 미디어 대부분도 그것을 무비판적으로 수용해버리는 것이 지금의 현상이다.「고노 담화」의 "정부로서도, 앞으로 민간연구를 포함하여, 충분히 관심을 보여가겠다"는 의사표시도 역시 휴지조각이 되어버렸다고밖에 할 수 없다.

이 기만은 2014년에 도입된 교과서 검정에 관한 신기준에 의해, 역사교육의 장에도 적용되었다. 2015년에 검정을 통과한 중학교 역사교과서에서 유일하게, 일본군 '위안부' 문제에 대해 기술하여 주목을 모은 '마나비샤(学び舍)' 교과서는, "각의결정 그 외의 방법에 의해 제시된 정부의 통일적인 견해 (중략) 가 존재할 경우에는, 그것에 의거하여 기술해야 한다"라고 적시한 신기준에 의해, "군이나 관헌에 의한 이른바 강제연행을 직접적으로 의미하는 자료는 발견되지 않는다"고 부기(附記)할 것을 강요받았다.

신기준에 의한 개입은 여기에 머무르지 않았다. 관동대지진 때의 조선인 학살과 난징대학살에 관한 중학교, 고등학교 교과서의 기술이 "근현대사적 사상(事象) 중, 통설적인 견해가 없는 숫자 등의 사항에 대해 기술할 경우에는, 통설적인 견해가 없음이 명시되어야 (중략) 한다"고 한 것은, 이러한 신기준에 의해 후퇴를 강요받는 사태로 전락해버렸다는 것을 여실히 보여주었다.

이처럼 일본 국내에서는 우파의 '역사관'은 순조롭게 성과를 올리고 있다. 제4장에서 간단하게 언급한 우파단체한 '위안부' 문제를 부인하는 패널전(展)이나, 강제연행되었던 조선인의 추모비 등에 대한 공격 등, 본서에서는 상세히 다룰 수가 없었던 서민들의 '역사전'도 진행되고 있다. 본서에 의해 이러한 사태에 대한 위기감이 널리 공유되기를 기원해마지 않는다.

본서를 한창 집필할 즈음 확실해진 동향에 대해서도 간단히 짚어보겠다. 2015년 말의 한일 '합의'를 둘러싸고 우파의 평가가 분열된 사실에 대해서는 제4장에서 지적했는데, 우파논단에서도 찬반양론이 전개되고 있다.

조건부로 긍정적 평가를 하는 것이 "실로 분한 것이 본심"이라 하면서 "정치·외교적으로 보면 긍정적으로 평가해야 한다"고 한 사쿠라이 요시코, "중국에 결정적인 데미지"라고 한 엔도 호마레(遠藤誉)[6](위의 2인 『Will』 2016년 3월호), "일본, 특히 보수파는 한일합의 등에 당황할 필요가 없다" "'도쿄재판사관의 불식'이라는 보다 큰 과제로, 이제부터라도 진지하게 대처해나가야 한다"고 한 와타나베 쇼이치(渡部昇一)(『Will』 2016년 4월호), "이번 합의의 의의는 한일 간의 정치문제였던 위안부 문제가 한일합의에 의해 한국의 국내문제가 된 것"이라고 평가한 아비루 루이(阿比留瑠比)[7](『정론』 2016년 3월호) 등이다.

다른 한편으로, "한국이 이미 확대시킨 부당한 오해는, 이제부터 어떻게 바로 잡아야 하는가"라고 제시한 니시오 간지(西尾幹二),[8] "역사적 대우행(大愚行)"이라고 지적한 미즈시마 사토루(상기 2인 『정론』 2016년 3월호), "아베 외교의 치명적 실패"라고 한 고하마 이쓰오(小浜逸郎)[9](『Voice』 2016년 5월호), "보수정치인 아베 신조의 죽음" "그야말로 역사적 대참사"라 평한 나카니시 데루마사(『역사통(歷

---

6 여성생물학자, 사회학자, 작가.
7 정치부기자, 산케이신문사 편집위원.
8 독문학자, 사상가, 평론가. 전기통신대학 명예교수.
9 평론가, 고쿠시칸(国士舘)대학 객원교수.

史通)』(2016년 5월호) 등은 분명히 반대 입장을 표명하고 있다. 또 합의에 대한 찬반보다는 "이번 합의는 매우 불안정하다"(니시오카 쓰토무『정론』2016년 3월호), "정권이 바뀌면 약속을 저버리고 위안부 문제는 반드시 되풀이된다"(오선화『SAPIO』2016년 3월호), "야당의 체질로는 정권을 잡았을 때 반일정서에 대한 영합(迎合)과 애국 퍼포먼스로 '새로운 배신'으로 치달릴 가능성은 충분히 있을 수 있다"(구로다 가쓰히로『SAPIO』2016년 3월호) 등 장래의 불투명성을 강조하는 논자도 있다.

단지 이러한 분열도, '국내에서는 완승'이라는 공동인식을 전제로 하고 있으며, 이 사회가 역사수정주의에 넘어가버리는 위기에 처해 있는 현실은 아무리 강조해도 부족하다. 우리는 이러한 사태에 저항하는 데에 미력하나마 최선을 다하겠다.

본문 중에 언급한 일본전략연구포럼에 대해 보충설명하겠다. 이 조직의 대표이사·회장은 그 후 정치평론가 오쿠야마 다로(屋山太郎)로 바뀌었다. 2017년 5월에『한국인으로 태어나지 않아 다행이다』라는 제목의 서적을 출판하여 맹비난을 받은 무토 마사토시(武藤正敏) 전 주한일본대사도 싱크탱크 고문을 맡고 있다.

본문에서는 다루지 않았지만, 오키나와주둔 미국 해병대 정무(政務) 외교부에 근무했던 로버트 D 엘드리지 (Robert D. Eldridge)가 수석연구원, 전 미국 국무성 일본부부장 케빈 메어(Kevin K. Maher)가 특별고문을 맡고 있는 것도 주목할 만하다. 이 두 사람은 모두가 재일미군기지가 오키나와에 집중되어 있는 현 상태를 유지시키려는 일본 우파세력에 가담했는데, 과도한 정치 행위가 밝혀져 사직했다. 오키나와의 희생 위에 미일군사동맹을 강화하려는 점에서 엘드리지, 메어와, 일본우파의 의도는 일치한다.

일본회의(제4장 참조) 회장 다쿠보 다다에(田久保忠衛)가 고문, 같은 일본회의의 이데올로그(idéologue)[10]인 다카하시 시로, 모모치 아키라(百地章)가 정책제언위원을 맡고 있는 등, 일본정략연구 포럼의 극우적 성격은 확실하다. 그러한 싱크탱크에 외무성 OB, 자위대 OB 그리고 엘드리지와 메어 같은 미국인이 모이고 있는 것은 무엇을 의미하는가?

그것은 '역사전'이 단순히 과거의 기억에 대한 투쟁만이 아니라, 자위대의 적극적인 '활용'으로 미국과의 군사동맹을 심화시켜, 그것을 통하여 국제사회에서의 일본의

10 특정한 정치적·사회적 관념 제창자·이론가.

군사적, 정치적, 경제적 존재감을 높이려는 책동이기도
하다.

노가와 모토카즈(能川元一)

1982 '역사교과서 문제'의 국제화(6월). 후에 교과서검정
     의 「근린제국조항(近隣諸国条項)」 추가로 이어짐.

1985 나카소네 야스히로(中曽根康弘) 총리 야스쿠니신사
     참배(8월).

1988 오쿠노(奥野) 국토청장관, 중일전쟁에 대해 "그 당시
     일본에 침략의도는 없었다"고 발언. 사임(5월).

1991 김학순, 과거 '위안부'였음을 밝힘(8월).

1992 미야자와(宮澤) 총리. 한국에서 '위안부' 문제에 대해
     사죄와 반성(1월).

1993 자민당, 〈역사·검토위원회〉 발족(아베 신조 의원그룹 참
     가). 1995년에 『대동아전쟁의 총괄』을 출판.

1994 네덜란드 정부, 「일본 점령 하 네덜란드령 동인도에
     서의 네덜란드 여성에 대한 강제매춘에 관한 네덜

란드 정부소장문서조사보고서」를 발표(1월).

1995 「여성을 위한 아시아평화국민기금」 호소문 발표
(7월).

— 무라야마(村山)담화 발표(8월).

1996 UN 쿠마라스와미 보고서(1월).

1997 중학역사교과서 출판사 7사에 '위안부' 기술 등장.

— 〈새로운 교과서를 편찬하는 모임〉 설립총회(1월).

— 〈일본의 전도와 역사교육을 생각하는 젊은 의원 모
임〉 설립(2월).

— 〈일본회의〉〈일본회의 국회의원 간담회〉 설립(5월).

— 제3차 이에나가(家永)재판 대법원(최고재) 판결. 검
정제도 자체는 합헌이라 하면서, 난징대학살이나
731부대 등의 기술에 관한 검정에 대해서 재량권의
일탈도 인정(8월).

1998 고바야시 요시노리『신 고마니즘 선언 SPECIAL 전
쟁론』(幻冬社) 간행(6월).

— UN,「맥도걸 보고서」 채택(8월).

2000 모리 요시로(森喜朗) 총리,「신국(神の国)」 발언(5월).

— 「여성국제전범법정」 개최(12월).

2001 「여성국제전범법정」에 대한 NHK프로가 자의적으
로 편집되어 방송(이른바「NHK 문제」)(1월).

2004 〈일본문화채널 사쿠라〉 설립(4월).

2005 『아사히신문』, 아베 신조, 나카가와 쇼이치(中川昭一)
2인이 NHK「여성국제전범법정」프로에 압력을 가
했다고 보고(1월).

— 고이즈미 준이치로(小泉純一郎) 총리, 야스쿠니신사
참배(8월).

— 야마노 샤린(山野車輪)『만화 혐한류』(신유샤[晋遊舍])
간행, 베스트셀러(7월).

2006 제1차 아베정권 발족(9월. 2007년 9월까지).

— 야기 히데쓰구(八木秀次) 등,「일본교육재생기구」설
립(10월).

— 이해부터 사용된 중학교과서에서 '위안부' 기술이
일제히 없어짐.

2007 아베 총리 '위안부'에 대한 강제성 부정하는 발언
(3월).

— The Fact 광고, 『워싱턴포스트』에 게재(6월).

— 미국하원, 대일 '위안부' 사죄요구결의 채택(7월).

— 오키나와전(戰) '집단자결'에 대한 군의 관여를 부정
하려고 한 교과서검정에 항의하여, 오키나와현에서
초당파 현민집회가 열림(9월).

2008 〈일본의 전도와 역사교육을 생각하는 의원 모임〉이

감수한 『난징의 실상—국제연맹은 '난징 2만 명 학살'조차 인정하지 않았다』(닛신[日新]보도)가 간행됨 (8월).

2010 뉴저지 주 팰리세이즈파크 시에 '위안부' 추모비 설립(10월).

2011 서울시 일본대사관 앞에 '위안부' 소녀상 설치(12월).

2012 가와무라 다카시(河村たかし) 나고야 시장, 나고야를 방문한 난징시 정부간부를 상대로 "이른바 난징사건은 없었던 것이 아닌가" 등의 발언(2월).

— 제2차 아베정권 발족(12월~).

2013 하시모토(橋下) 오사카 시장 "위안부는 필요" 발언이 문제로(5월).

— 하시모토 회견에 동석한 사쿠라우치 후미키(桜内文城) 중의원 의원이 "'요시미(吉見) 씨라는 분의 책'은 '날조'"라고 발언. 요시미 요시아키(吉見義明)가 제소(7월).

— 캘리포니아 주 글렌데일 시 '위안부' 소녀상 설치(7월).

— 아베 총리, 야스쿠니 신사 참배(12월).

2014 NHK 모미이(籾井) 신 회장 기자회견에서의 발언이 문제로(1월).

- 〈역사의 진실을 촉구하는 세계연합회〉(GAHT), 글렌데일 '위안부' 소녀상의 철거 요구 소송 제기(2월).

- 아베정권에 의한 「고노 담화」 작성과정의 검정 결과 발표(6월).

- UN자유권 규약위원회에 우파가 조사단 파견(7월).

- 『아사히신문』에 의한 '위안부' 보도의 검증 결과 발표. 아사히 비난 발생(8월).

- 자민당 국제정보검토위원회, '위안부' 문제에 관해 "'강제연행' 사실은 부정되고, 성적 학대 사실도 부정되었기 때문에, 세계 각지에서 계속 설치되고 있는 위안부 소녀상의 근거도 완전히 상실되었다"고 의결(9월).

- 스가(菅) 관방장관이 「쿠마라스와미 보고」에 대해, 부분철회를 요구한 것을 발표(10월).

- 교토조선제일초급학교에 대해서 차별적인 가두시위를 한 우파단체에 대해 인종차별철폐 조약을 인용하여 1억 2,000만 원 이상의 배상을 명하는 판결이 최고재판에서 확정(12월).

- 『아사히신문』의 '위안부' 보도를 검증한 「제3자위원회보고서」 공표(12월).

2015 미국 맥그로 힐(McGraw Hill)사가 발행한 교과서의 '위안부'에 관한 기술을 둘러싸고, 외무성이 수정을

촉구했다고 보도(1월).

— 일본정부의 미국교과서에 대한 압력을 비판하고 미국 역사학자 19인이 공동성명을 발표(2월).

— NHK 모미이회장, 기자회견에서의 발언이 재차 문제로(2월).

— 유럽 일본연구 학자들이 「일본의 역사가를 지지하는 성명」 발표. 16개의 일본의 역사학관계 단체에 의한 「'위안부' 문제에 관한 일본의 역사학회·역사교육자단체의 성명」 발표(5월).

— 유네스코 '세계유산'에 대한 군함도 등록을 둘러싸고, 한일 대립이 발생했으나, 등록됨(7월).

— 자민당 〈문화예술간담회〉, 정부에 비판적인 보도기관에 압력을 가하는 논의(6월).

— 「아베담화」 발표, 일본군 '위안부' 문제는 거론하지 않음(8월).

— 오스트레일리아 스트래스필드(Strathfield) 시의회에서 '위안부' 추모비 의결이 부결됨(8월).

— 외무성 웹사이트 기술에서 '침략'과 '식민지주의'에 관한 항목 삭제(9월).

— 미국 샌프란시스코 시의회, '위안부' 추모비 설치 결의(9월).

— 난징대학살에 대해, 유네스코 기억유산 등록을 둘러싸고, 일본정부와 자민당이 클레임. 시베리아 억류와 철수에 관한 「마이즈루(舞鶴)에로의 생환」*도 세계기억유산으로 등록되었는데, 이에 러시아 정부가 철회를 요망, 일본정부는 거부(10월).

— 자민당이 「중국이 신청한 '난징사건' 자료의 유네스코 기억유산 등록에 관한 결의」에서, 유네스코의 분담금 정지 가능성을 시사(10월).

— 하라다 요시아키(原田義昭) 자민당 〈국제정보검토위원회〉 위원장, "난징·위안부의 존재, 우리나라(일본)는 부정"이라고 발언(10월).

— 자민당 이노구치 구니코(猪口邦子) 의원, 미국 오스트레일리아의 일본연구학자와, 외국특파원들에게 역사수정본을 송부(9~10월).

— 자민당, 「역사를 배우고 미래를 생각하는 본부」(본부장 다니가키 사다카즈[谷垣禎一] 간사장) 발족(11월).

— 한일외상회담에서, '위안부' 문제에 관해서 합의(12월).

* 1945~1956 당시 시베리아에 억류 중인 일본인을 본국으로 철수시킨 기록.

2016 자민당 이나다 도모미(稲田朋美) 정조(政調)회장, "위안부 소녀상 철거가 해결의 전제"라고 발언(1월).

— 참의원 예산위에서 아베 총리가 "강제연행을 확인할 수 있는 자료는 없다"는 취지의 답변(1월).

— UN여성차별철폐위원회의 대일 심사에서, 스기야마 신스케(杉山晋輔) 외무심의관이 "강제연행을 확인 가능한 자료는 없다" "성노예였다는 사실은 없다" "아사히신문 보도가 큰 영향을 끼쳤다"고 주장(2월).

자료1 「고노 담화(河野談話)」

위안부관계 조사결과 발표에 관한 고노 내각관방장관 담화
1993년 8월 4일

이른바 종군위안부 문제에 대해서는, 정부는, 재작년 12월부터 조사를 진행해왔는데, 이번에 그 결과가 정리되었기에 발표하기로 했다.

이번 조사결과 장기간 그리고 광범위한 지역에 걸쳐 위안소가 설치되어, 수많은 위안부가 존재하고 있었다는 사실이 인정되었다. 위안소는, 당시 군 당국의 요청에 따라 설치·운영된 것으로, 위안소의 설치 및 위안부 이송에 대해서는, 과거 일본군이 직접 혹은 간접적으로 이에 관여했다. 위안부 모집에 있어서는, 군의 요청을 받은 업자가 주로 이 일을 맡았는데, 그때도 감언, 강압에 의하는 등, 본인들의 의사에 반하여 오게 된 사례가 많았고, 더욱이 관헌 등이 직접 이에 가담한 적도 있었다는 사실이 명백히 밝혀졌다. 또, 위안소에서의 생활은, 강제적 상황 하

에서 겪는 참혹하고 고통스러운 일이었다.

또한, 전쟁터로 이송된 위안부의 출신지에 관해서는, 일본을 제외하고는, 조선반도(한반도)가 큰 비중을 차지하고 있었는데, 당시의 한반도는 우리나라 통치 하에 있었고, 그 모집, 이송, 관리 등도, 감언, 강압에 의하는 등, 모두가 본인들의 의사에 반하여 행해졌다.

어쨌든 본건은, 당시의 군의 관여 하에 다수의 여성의 명예와 존엄에 깊은 상처를 입힌 문제다. 정부는 이번 기회에, 다시 한번 그 출신지를 불문하고 이른바 종군위안부로서 많은 고통을 겪고, 몸과 마음에 치유하기 힘든 상처를 입으신 모든 분들께 진심으로 사죄와 반성의 심정을 바친다. 또 그와 같은 심정을 국가의 차원에서 어떻게 표현할 것인가에 대해서는, 전문가 여러분의 의견을 구하면서 앞으로도 성심껏 검토해야 할 것으로 생각한다.

우리는 이 같은 역사의 진실을 회피하지 않고, 오히려 이것을 역사의 교훈으로 삼아 직시해가겠다. 우리는 역사연구, 역사교육을 통하여, 이와 같은 문제를 오래도록 기억에 담아, 똑같은 과오를 되풀이하지 않는다는 굳은 결의를 새롭게 표명한다.

그리고, 본 문제에 대해서는 국내에서 소송이 제기되고 있고, 또 국제적으로도 관심을 모으고 있어, 정부로서도 앞으로 민간연구를 포함하여 충분히 관심을 갖고 임하겠다.

자료2 「전후 70년 담화」

「각의결정」
내각총리대신 담화
2015년 8월 14일

종전 74년을 맞이하여 과거 전쟁의 자취, 패전 후의 과정, 20세기라는 시대를 조용히 뒤돌아보고 그 역사의 교훈으로 미래를 지향하는 지혜를 배워야 한다고 생각합니다.

100여 년 전의 세계는, 서양 여러 나라를 중심으로 광범위한 식민지가 확장되고 있었습니다. 압도적인 기술적 우위를 배경으로 식민지 지배의 파도는 19세기 아시아로 밀려왔습니다. 그 위기감이 일본에 있어서 근대화의 동인(動因)이 되었다는 것은 사실입니다. 아시아에서 최초로 입헌정치를 표방하고 독립을 지켜냈습니다. 러일전쟁은, 식민지지배 하에 있던 많은 아시아, 아프리카 사람들에게 용기를 주었습니다.

세계를 혼란시킨 제1차 세계대전을 거쳐, 민족자결 움직임이 확대되어 당시까지의 식민지화에 제동이 걸렸습니다. 이 전쟁은 천만 명이나 되는 전사자가 나온 비참한 전쟁이었습니다. 사람들은 '평화'를 강하게 원하여 국제연맹을 창설했고 부전조약(不戰條約)을 이끌어냈습니다. 전쟁 자체를 위법시하는 새로운 국제사회의 조류가 등장했습니다.

처음에는 일본도 보조를 맞췄습니다. 그러나 세계공황이 발생하여 구미 여러 나라가 식민지경제를 끌어들인, 경제 블록화를 추진하자, 일본경제는 큰 타격을 받았습니다. 그러한 가운데 일본은 고립되었고, 외교적, 경제적으로 벽에 부딪혀 무력행사로 해결하려고 했습니다. 국내 정치시스템은 그대로 멈출 수가 없었다, 그래서 일본은 세계 대세를 읽을 수 없게 되었습니다.

만주사변 그리고 국제연맹 탈퇴, 일본은 점차로 국제사회가 장렬한 희생 위에 구축하려 했던 '새로운 국제질서'에 대한 '도전자'가 되어갔습니다. 나아가야 할 진로 선택의 실수로 전쟁의 길을 걷게 되었습니다.

그리고 70년 전 일본은 전쟁에 패했습니다.

패전 후 70년을 즈음하여 국내외에 희생된 모든 분들께 깊이 머리 숙여 애석함을 표하는 동시에 무한한 애도의 심정을 바칩니다.

과거의 전쟁에서는 300만여 명의 동포의 목숨을 잃었

습니다. 조국의 앞날을 걱정하고 가족의 행복을 빌면서 전쟁터에서 목숨을 잃은 분들, 패전 후 혹한의, 혹은 작렬하는 폭서(暴暑)의 머나먼 타향 땅에서 굶주림과 질병에 괴로워하며 돌아가신 분들, 히로시마(広島)와 나가사키(長崎)의 원폭투하, 도쿄를 비롯하여 각 도시의 폭격, 오키나와에서의 지상전 등에 의해 수많은 거리의 사람들이 무참히 희생되었습니다. 전화(戰火)를 겪은 여러 나라에서도 장래가 촉망되는 수없는 청년들의 목숨이 사라졌습니다. 중국, 동남아시아, 태평양 제도 등, 전쟁터가 된 지역에서는 전투뿐만 아니라 식량난 등으로 수많은 무고한 사람들이 고통을 겪고 희생되었습니다. 전쟁터의 그늘에는, 명예와 존엄에 심각한 상처를 입은 여성들이 존재했던 것도 잊어서는 안 됩니다.

아무런 죄도 없는 사람들에게 셀 수 없는 손해와 고통을 우리나라가 주었다는 사실. 역사는 실로 되돌릴 수 없는 가혹한 것입니다. 사람들에게는 각자 개인의 인생이 있고, 꿈이 있고, 사랑하는 가족이 있었다. 이 당연한 사실을 가슴에 새길 때, 새삼 할 말을 잃고, 그저 단장의 슬픔을 금할 길 없습니다.

그만큼의 존엄한 희생이 있었기에 지금의 평화가 있다. 이것이 패전 후 일본의 원점입니다

두 번 다시 전쟁의 참화를 되풀이해서는 안 됩니다.

사변(事變), 침략, 전쟁. 그 어떠한 무력의 위협이나 행사도, 국제분쟁을 해결하는 수단으로서는 두 번 다시 해서는 안 됩니다. 식민지지배에서 영원히 결별하고, 모든 민족의 자결(自決)의 권리가 존중되는 세계로 만들어나가야 합니다.

과거의 전쟁에 대한 깊은 회오(悔悟)의 심정과 함께 우리나라는 그리 맹세했습니다. 자유롭고 민주적인 나라를 만들어, 법의 지배를 존중하고, 한결같이 부전(不戰)의 맹세를 굳게 지켜왔습니다. 70년간에 이르는 평화국가로서의 발자취에 우리는 소리없는 자긍심을 간직하면서 이 부동의 방침을 이제부터라도 관철해가겠습니다.

우리나라는 과거 전쟁에서의 행위에 대해 반복하여 통절한 반성과 진심에서 울어나는 사죄의 심정을 표명해왔습니다. 그 심정을 실제 행동으로 보이기 위해, 인도네시아, 필리핀을 비롯해 동남아시아의 여러 나라, 타이완, 한국, 중국 등, 이웃인 아시아인들이 걸어온 고난의 역사를 가슴에 새겨, 패전 후 일관되게 그들의 평화와 번영을 위해 힘써왔습니다. 이러한 역대 내각의 입장은 앞으로도 변하지 않을 것입니다.

단, 우리가 어떠한 노력을 다 한다 하더라도 가족을 잃은 분들의 슬픔, 전화(戰禍)로 도탄의 고통경험한 사람들의 쓰라린 기억은 앞으로도 결코 치유될 수가 없을 것입니다. 때문에 우리는 마음에 새기지 않으면 안 됩니다.

패전 후, 600만 명이 넘는 귀환자가 아시아태평양 각지에서 무사 귀환할 수 있어, 일본 재건의 원동력이 된 사실을. 중국에 남겨진 3,000명에 가까운 일본인 아이들이 무사히 성장하여 다시 조국의 땅을 밟을 수 있었던 사실을. 미국과 영국, 네덜란드, 오스트레일리아 등의 과거 포로였던 분들이 오랜 기간에 걸쳐 일본을 방문하여 전사자의 영혼을 서로 위로해준 사실을 말입니다.

전쟁의 격심한 고통을 겪은 중국인 여러분과, 일본군에 의해 참기 힘든 고통을 받은 과거 포로 여러분이 그만큼 관용을 베풀기까지는 얼마나 심적 갈등이 있었고, 얼마만큼 노력이 필요했는가. 그것을 우리는 곰곰이 되씹고 생각하지 않으면 안 됩니다.

너그러이 용서하는 마음 덕분에 일본은 패전 후 복귀할 수 있었습니다. 패전 후 70년이 지난 오늘을 계기로, 우리나라는 화해를 위해 힘써주신 모든 나라, 모든 분들께 진심으로 감사의 뜻을 전하고 싶습니다.

일본에서는 전후세대가 바야흐로 인구의 80퍼센트를 넘고 있습니다. 그 전쟁과는 아무런 관련이 없는 우리의 자손, 그리고 그 다음 세대 후손들에게 계속 사죄해야 하는 숙명을 짊어지게 해서는 안 됩니다. 그러나 그럴수록 더욱 우리 일본인들은 세대를 초월하여 정면으로 과거의 역사와 마주하지 않으면 안 됩니다. 겸허한 마음으로 과거를 이어받아 미래로 넘겨줄 책임이 있습니다.

우리의 부모, 그리고 부모의 부모 세대가 패전 후 불에 타 황폐한 들판, 빈곤의 밑바닥에서 목숨을 연명할 수가 있었습니다. 그리고 현재의 우리 세대 나아가 그 다음 세대로 미래를 이어갈 수가 있게 됐습니다. 그것은 선인들의 끊이지 않은 노력과 더불어, 한때 적으로 치열하게 싸웠던 미국, 오스트레일리아, 유럽 여러 나라를 비롯하여 실로 많은 나라가 은혜와 원한을 초월하여 선의와 지원의 손길을 내밀어준 덕분입니다.

그것을 잊지 않고 우리는 미래세대로 계승해가지 않으면 안 됩니다. 역사의 교훈을 가슴 속에 깊게 새기고, 보다 좋은 미래를 개척해가는, 아시아 그리고 세계평화와 번영에 최선을 다해야 할 막대한 책임이 있습니다.

우리는, 자초한 국가적 정체의 위기를 무력에 의해 타개하려 했던 과거를 이 가슴에 영원히 새길 것입니다. 때문에 우리나라는 어떠한 분쟁에도, 법의 지배를 존중하고 무력을 행사하지 않고, 평화적·외교적으로 해결해야 한다. 이 원칙을 이제부터라도 엄수하고, 세계 여러 나라에도 적극 설득해나가겠습니다. 유일한 전쟁 피폭국으로서, 핵무기의 비확산과 궁극적 폐기를 지향하고, 국제사회에서 그 책임을 다하겠습니다.

우리는 과거 20세기 전시 하에, 많은 여성들의 존엄과 명예에 깊은 상처를 준 과거를 영원히 가슴에 새기겠습니다. 그렇기 때문에 더욱 우리나라는 그 여성들의 마음에 항상 다가서는 나라이고 싶습니다. 21세기야말로 여성의 인권이 상처받지 않는 세기로 만들기 위해 세계를 리드해가겠습니다.

우리는, 경제 블록화가 분쟁의 싹을 키운 과거를 이 가슴에 새기겠습니다. 그렇기 때문에 우리나라는 어떠한 나라의 자의(恣意)에도 좌우되지 않겠습니다. 자유롭고, 공정하고, 열린 국제경제 시스템을 발전시켜 개발도상국 지원을 강화하고 세계의 보다 나은 번영을 이끌어가겠습니다.

우리는, 국제질서에 대한 도전자가 되어버렸던 과거를 이 가슴에 새기겠습니다. 그렇기 때문에 우리나라는 자유, 민주주의, 인권이라는 기본적 가치를 견고히 유지하고, 그 가치를 공유하는 나라와 손을 잡고, '궁극적 평화주의'의 깃발을 높게 올리고, 세계 평화와 번영을 과거보다 더더욱 공헌해가겠습니다.

종전 80년, 90년, 나아가 100년을 향해, 그와 같은 일본을 국민 여러분과 함께 만들어가겠다. 그러한 결의입니다.

2015년 8월 14일

내각총리대신 아베 신조(安倍晋三)

역자후기

　본 역서는 역서명에서 시사하는 바와 같이 일본 우파의, 과거 식민지 시대 때 저지른 일본의 만행의 인지와 사죄를 거부하는 이른바 '역사전'이 최근까지(2017년 10월 현재) 해외에서 어떻게 전개되어왔는가를 구체적으로 설명하고 있다(머리말에 4명의 저자 집필 내용을 개관하였기 때문에 여기서 저자 및 내용 소개는 생략하였다).

　이러한 그들의 사실(史實)의 부정은 한일 문제뿐만 아니라 중국, 동남아시아, 미국, 유럽 관계에 있어서도 마찬가지다. 문제는 과거의 만행에 대한 사죄 여부의 문제가 아니라, 과거의 역사를 전면적으로 부정하고 있다는 데에 있다.

　한일관계에 있어서도 1993년 8월 「고노 담화」 이후 경색되었던 관계가 다소 완화되는 듯했으나 1996년 일본 역사교과서에 일본군 위안부 문제가 실린 것을 계기로 일본 우파의 반발은 또다시 거세졌으며, 과거 역사를 부정하는 움직임이 표면화되어갔다. 그러한 가운데 2006년 아베 정권이 들어서면서 「고노 담화」 재고'를 표방하고 과거 역사를 전면 부인하는 '역사전'이 노골화되어가고 있다. 아베 「전후 70년 담화」를 읽어보면 거기에는 진정성이 전혀 없는 단어 나열로 일관되어있음을 알 수 있다. 어떻게 해서든 과거 일본의 침략과 만행을 인정하지 않으려고 고심하는 흔적만 보일 뿐이다.

해외에서는 1997년 아이리스 장의 『The Rape of Nanking (난징학살)』 출간에 이어서 캘리포니아 글렌데일 시를 비롯한 미국 여러 곳의 위안부 추모비 설치 움직임 등이 일본 우파에 큰 충격을 주었고, 이것이 '역사전' 점화의 계기가 되었다고 할 수 있다.

해외에 거주하는 일본 우파들은 일본정부의 후원을 받아 조직적으로 집요하게 집회, 소송, 가두선전, 각종 유언비어 등을 통해 정보전과 함께 과거 일본의 만행을 전면 부정하는 '역사전'을 전개하고 있다. 그들은 어떻게 해서든 과거사로부터 도망가려는 디딤돌로 '역사전'을 선택한 것이다. 그들의 이러한 행동은 일종의 광신자들의 종교적 신념과 유사하며, 과거를 인정하는 것은 민족 명예의 실추, 나아가 일본이라는 나라(민족)의 존재를 상실하는 것으로 믿고 있는 것 같다.

그들의 언동은 상식이나 논리가 통하지 않는다. 4명의 저자는 그들의 이러한 비상식적이고 비논리적인 행동을, 신뢰할 수 있는 자료와 정보를 제시하며 현장감 있게 기술하고 있다. 또한 이 역서는 위안부 문제뿐만 아니라 난징대학살도 비중 있게 다루고 있다.

독자들은 이 역서를 통해 해외 일본 우파의 실체를 파악함과 동시에 보다 시야를 넓혀, 위안부 문제를 포함한 '역사전' 문제를 한일 간의 문제로 국한하지 않고 인류사적인 범죄문제로서 인식하게 되는 계기가 되었으면 한다.

본 역서에서 인물, 지명, 사항 등은 검증을 거쳐 외래어 표기법에 따라 기재하였고, 출판사 명에 있어서는 일본어 발음대로 기재하는 것을 원칙으로 하였으나 간혹 한자만 기재한 것도 있음을 밝혀둔다.

마지막으로 본 역서가 출판되기까지 수고를 아끼지 않은 도서출판 어문학사 여러분께도 감사드린다.

바다를 건너간 위안부

우파의 '역사전'을 묻는다

초판 1쇄 발행일 2017년 10월 30일

지은이 야마구치 도모미·노가와 모토카즈·테사 모리스 스즈키·고야마 에미
옮긴이 임명수
펴낸이 박영희
편집 김영림
디자인 이재은
마케팅 김유미
인쇄·제본 AP프린팅
펴낸곳 도서출판 어문학사
서울특별시 도봉구 해등로 357 나너울카운티 1층
대표전화: 02-998-0094/편집부1: 02-998-2267, 편집부2: 02-998-2269
홈페이지: www.amhbook.com
트위터: @with_amhbook
페이스북: www.facebook.com/amhbook
블로그: 네이버 http://blog.naver.com/amhbook
　　　　다음 http://blog.daum.net/amhbook
e-mail: am@amhbook.com
등록: 2004년 7월 26일 제2009-2호

ISBN 978-89-6184-453-6 93300

정가 16,000원

이 도서의 국립중앙도서관 출판예정도서목록(CIP)은 e-CIP홈페이지(http://www.nl.go.kr/ecip)와
국가자료 공동목록시스템(http://www.nl.go.kr/kolisnet)에서 이용하실 수 있습니다.
(CIP제어번호: CIP2017027059)